手や指の形をいろいろな物に見立てて、歌に合わせて遊ぶという「手あそび」のルーツは、江戸時代のわらべうただといわれています。

子どものあそび歌は、文献に残っているものでは平安時代までさかのぼることもできますが、多くの子どもに遊ばれるのは、世の中が平和にな

『あがりめ　さがりめ』『ちょち　ちょち　あわわ』など、

ぶ」ことは、「学ぶ」ことにつながっているという認識があ

本書は、江戸、明治、大正時代から受け継がれている定

近年の新作まで全156曲をセレクトしました。

特に昔から歌いつがれた曲は、できるだけその元本にあたりました。どのような過程を経て、どのような想いで作られたのかについても理解を深めたうえであそびを楽しんでください。

道具がなくても、いつでもすぐ遊べる手あそびやあそび歌は多くが口伝えで広まっていますが、正しいメロディーやリズムを今一度ピアノで確かめてみましょう。本書では、簡単な伴奏と、ドレミ付きの楽譜を掲載しています。ピアノ演奏を通して、きっと新しい発見があることと思います。

また、保育現場で人気のある曲の他に、生活や行事など毎月使える曲も集めました。手あそびや歌あそびを通して、日々の保育がより生き生きしたものになると同時に、子どもたちの歌声の響く楽しい園生活に、本書が役立つことを願っております。

編著者　**阿部直美**

もくじ

2 人気の手あそび

3 あやし歌

タイトル索引

歌い出し索引

年齢別索引

場面別索引

集会で

2人組で

大人と子どもで

全身をつかって

バスの中で

ジャンル別索引

※目次でジャンルに分かれている歌は省略しています。

1
行事・生活の手あそび

日本は四季のある国です。古くから四季をテーマにした歌や物語が作られてきました。生活も四季を感じ、それに合わせた行事が生まれました。

近年、子どもたちを取り巻く環境は、ともすると四季から離れたものになりつつあります。手あそびや歌あそびを通して、春・夏・秋・冬の自然の美しさや、暮らしのおもしろさを伝えたいものですね。

四季や行事に合わせた手あそびを取り上げ、身近なものに目を向けて再認識することは、知的好奇心を刺激するきっかけになるはずです。

春　入園・進級　栽培

年齢の目安 0 1 2 3 4 5

ちいさなにわ

作詞・作曲：不詳　編曲：平沼みゅう

1番

1 ちいさな　にわを

両手の人さし指で小さな四角形を描く。

2 よく　たがやして

人さし指を軽く曲げたり、伸ばしたりしながら、左から右へと動かす。

3 ちいさなたねを　まきました

種がのっているイメージで片手のひらを上に向け、もう片方で種をつまんでまくしぐさをする。

4 ぐんぐんのびて

両手を合わせ、左右に振りながら上に伸ばす。

5 はるになって

頭の上で両手をひらき、ひらひら振りながらおろす。

6 ちいさなはなが　さきました

小さく７回拍手する。

7「ポッ」

手を小さくひらく。

2番

1番に準じて、やや大きな動きで行なう。

7「ホワッ」

手をやや大きくひらく。

3番

1番に準じて、2番よりさらに大きな動きで行なう。

7「ドカーン」

万歳をする。

この手あそび、ここが楽しい！

だんだん大きな動きに

1番は歌も動作も小さく行ない、2番、3番になるにつれて、大きな歌声、大きなしぐさをします。

ポイント 大・中・小の違いを際立たせるとよいでしょう。

アレンジ リズムが取りやすい曲なので、乳児は、大人の膝の上に子どもを乗せ、後ろから手を添えてやってみましょう。

はるですね　はるですよ

作詞・作曲・振付：阿部直美　編曲：平沼みゅう

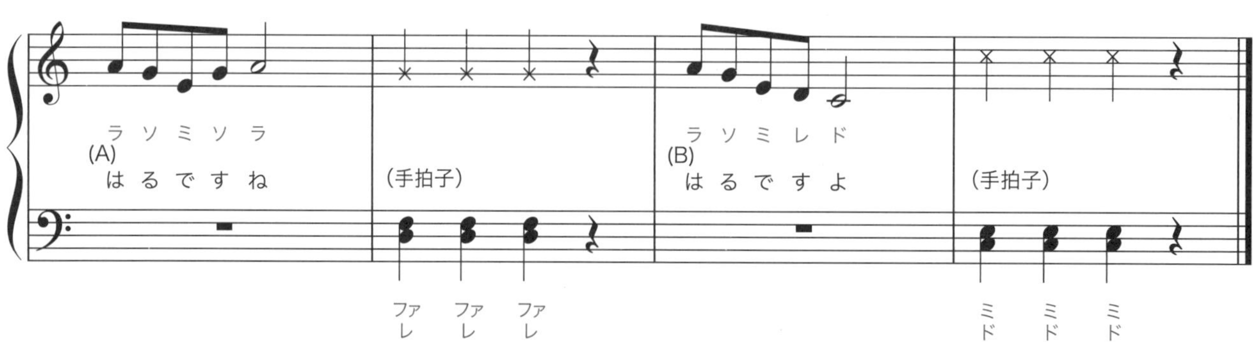

●リーダー（A）が、みんな（B）の前に立つ。

1番

1 ながいおはなの ぞうさんが

B　A

A、B 共に歌いながら右手を前方に伸ばし、曲に合わせて左右に振る。

2 ちょうちょとおいか けっこしてました

両手を開き、親指を交差させてチョウチョウの形を作り、曲に合わせて自由に動かす。

3 ちょうちょはぐるぐる

2 の形のまま、顔の前でぐるぐると回す。

4 はなのうえ

手(チョウチョウ)を鼻の上に止める。

5 ぞうのはなが

両手を伸ばし、手首を交差させる。

6 むすばった

5 のまま両手を組み、腕の中を下から上に通す。

7 はるですね　（手拍子）

「はるですね」はＡのみ歌い、その後、３回拍手する。

8 はるですよ　（手拍子）

ＢはＡのまねをして、３回拍手する。

2番

1 おおきなおくちのわにさんが

両手を伸ばし、手首を曲げ、パクパク動かす。

2 ぽかぽかようきにさそわれて

両手をヒラヒラ動かしながら下へおろす。

3 アアーンとあくびしていたら

両手の握りこぶしを、肩から頭上に伸ばす。

4 おくちがとじなくなっちゃった

大きく **1** のポーズをし、手首を少しだけ上下に動かす。

5 はるですね　（手拍子）

Ａは **1番** の **7** に準ずるが ♫♫♩𝄽と５回拍手する。

6 はるですよ　（手拍子）

ＢはＡのまねをして、５回拍手する。

この手あそび、ここが楽しい！

拍手でリズム打ち

春の集会や子ども会などで、保育者と掛け合いの拍手を楽しむ遊びです。

ポイント **7**「はるですね」**8**「はるですよ」の手拍子は、最初は１拍に１回手をたたきます。慣れてきたら、１拍に２回拍手をするなど、難しいリズム打ちに挑戦してみましょう。

アレンジ 年少児は手拍子の部分を「はるですね、ポカポカポカ」などわかりやすい言葉に変えて歌っても楽しいでしょう。

春　入園・進級　自然

年齢の目安 0 1 2 3 4 5

春が来た

作詞：髙野辰之　作曲：岡野貞一　編曲：平沼みゅう　振付：阿部直美

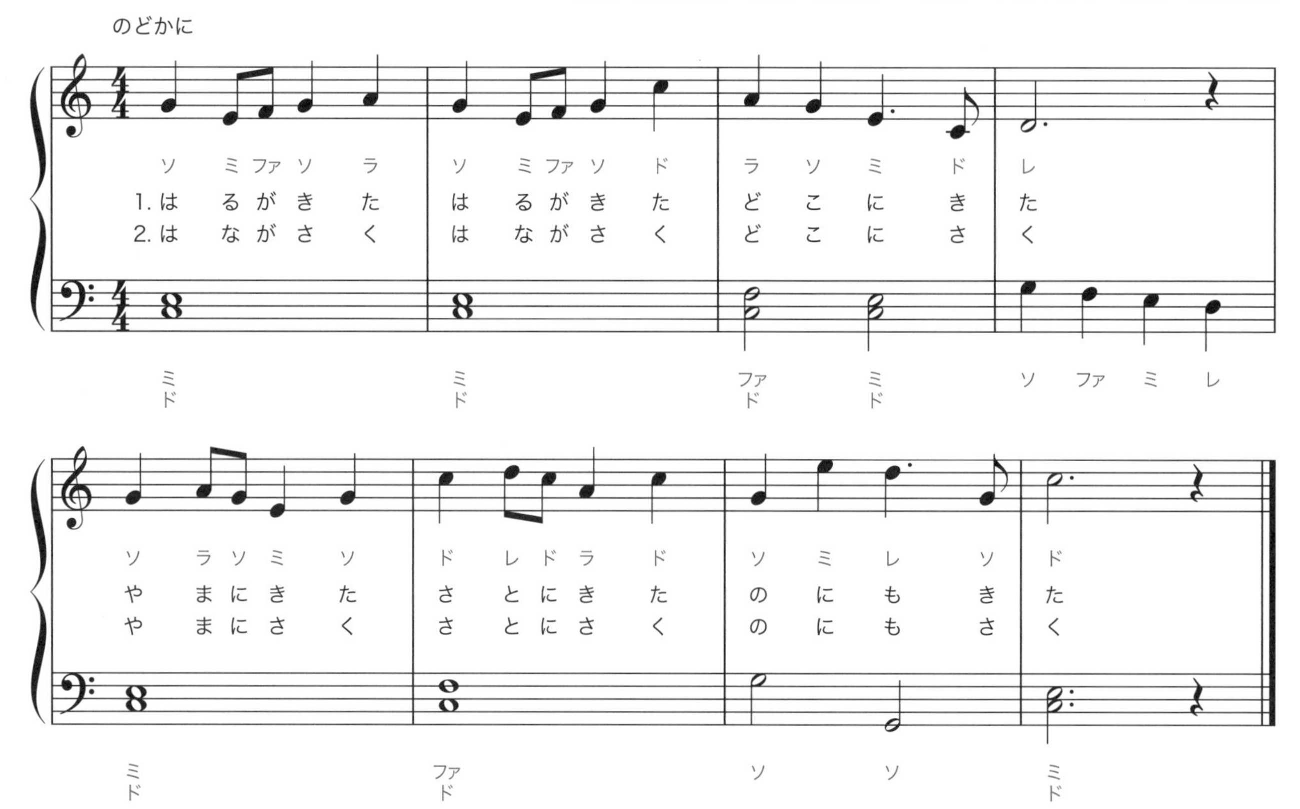

1 はるが

1回拍手する。

2 きた

両手のひらを自分のほうにあおるように向ける。

3 はるがきた

1 2 と同じ。

4 どこにきた

人さし指であちこち指さす。「きた」は**2**と同じ。

5 やまにきた

右手を左に伸ばし、大きく山を描き、「きた」は**2**と同じ。

6 さとにきた

右手で大きく円を描く。「きた」は**2**と同じ。

7 のにもきた

両手のひらを内側に向け、草のようにギザギザに動かす。「きた」は**2**と同じ。

2番

1番に準じて、「さく」の動きを変える。

両手を合わせ、指を開く。

この手あそび、ここが楽しい！

手話のしぐさも取り入れて

この振り付けには一部手話のしぐさを取り入れています。「きた」「やま」などがそれに当たります。

ポイント 手話を使うと「手で会話ができる」ということを、子どもたちが知るきっかけになればいいですね。ゆっくりと動作に合わせて歌うようにするとよいでしょう。

アレンジ メロディーラインがわかりやすく、子どもたちが口ずさみやすい曲です。Aグループが「はるがきた…どこにきた」と歌ったら、Bグループが「やまに…のにもきた」と歌うなど、掛け合い歌あそびとして楽しむこともできます。

1 行事・生活の手あそび　春　入園・進級　挨拶　年齢の目安 0 1 2 3 4 5

わらっておはよう

作詞：佐倉智子　作曲：浅野ななみ　編曲：平沼みゅう　振付：阿部直美

●保育者がみんなの前に立つ。

1番

「おおきなこえで
ごあいさつ　できるかな」

保育者がみんなに話し掛ける。

1 ワッハハハ　わらって

子どもたちは両手を顔の横に広げ、左右に振る。

2 おはよう「おはよう」

保育者がお辞儀をした後、子どもたちがまねをする。

3 パチパチパチパチ　てたたき
おはよう　「おはよう」

子どもたちは自由に拍手し、「おはよう」は2に同じ。

4 トコトコトコトコ　あしぶみ
おはよう　「おはよう」

子どもたちはその場で足踏みし、「おはよう」は2に同じ。

5 みんなで　おはよう
おはよう　「おはよう」

みんなでお辞儀をする。

2番

1番に準じて、「おはよう」はカタツムリの動作をしながら言う。

3番

1番に準じて、「おはよう」はミラクルマンの動作をしながら言う。

4番

1番と同じ。

この手あそび、ここが楽しい！

保育者との掛け合い

保育者が「おはよう」と歌ったら、子どもたちが「おはよう」と繰り返す掛け合いの歌あそび。入園当初にみんなで元気に歌ってご挨拶をしましょう。

ポイント 人間だけでなく、いろいろな動物やキャラクターになって「おはよう」を言ってみましょう。大きな動きを付けて、よりそのものらしく見えるように表現することがポイントです。

アレンジ 「今日は寒いけど、みんな、元気かね？　…とサンタさんが来ましたよ」など、季節に合わせたナレーションを考えて「おはよう」を歌うと、場が盛り上がります。

春　入園・進級　挨拶

年齢の目安 0 1 2 3 4 5

せんせいと お友だち

作詞：吉岡　治　作曲：越部信義　編曲：平沼みゅう　振付：阿部直美

●保育者と子どもが向かい合って立つ。

1番

1 せんせいと

手をつなぎ、その場で軽く2回ジャンプする。

2 おともだち

両手のひらを3回打ち合わせる。

3 せんせいと

1と同じ。

4 おともだち

2と同じ。

5 あくしゅをしよう

両手を交差させて大きく２回まわす。

6 ギュギュギュ

保育者と握手をする。

2番

1番に準じて、6の動きを変える。

6 おはよう

お辞儀をする。

3番

1番に準じて、6の動きを変える。

6 メッメッメッ

にらめっこをする。

この手あそび、ここが楽しい！

挨拶の動作をしぜんに

よく知られている歌で、子どもたちは「あくしゅ」「あいさつ」「にらめっこ」などの歌詞のところでしぜんに動作をつけて歌うようになります。

ポイント 振りが付くことで、言葉の意味がよりはっきりとしてくるでしょう。

アレンジ 幼児は立って、乳児は座って遊ぶなど、年齢に合わせ工夫してやってみましょう。

春　入園・進級　ふれあい

年齢の目安 0 1 2 3 4 5

はくしゅとあくしゅ

作詞・作曲・振付：阿部直美　編曲：平沼みゅう

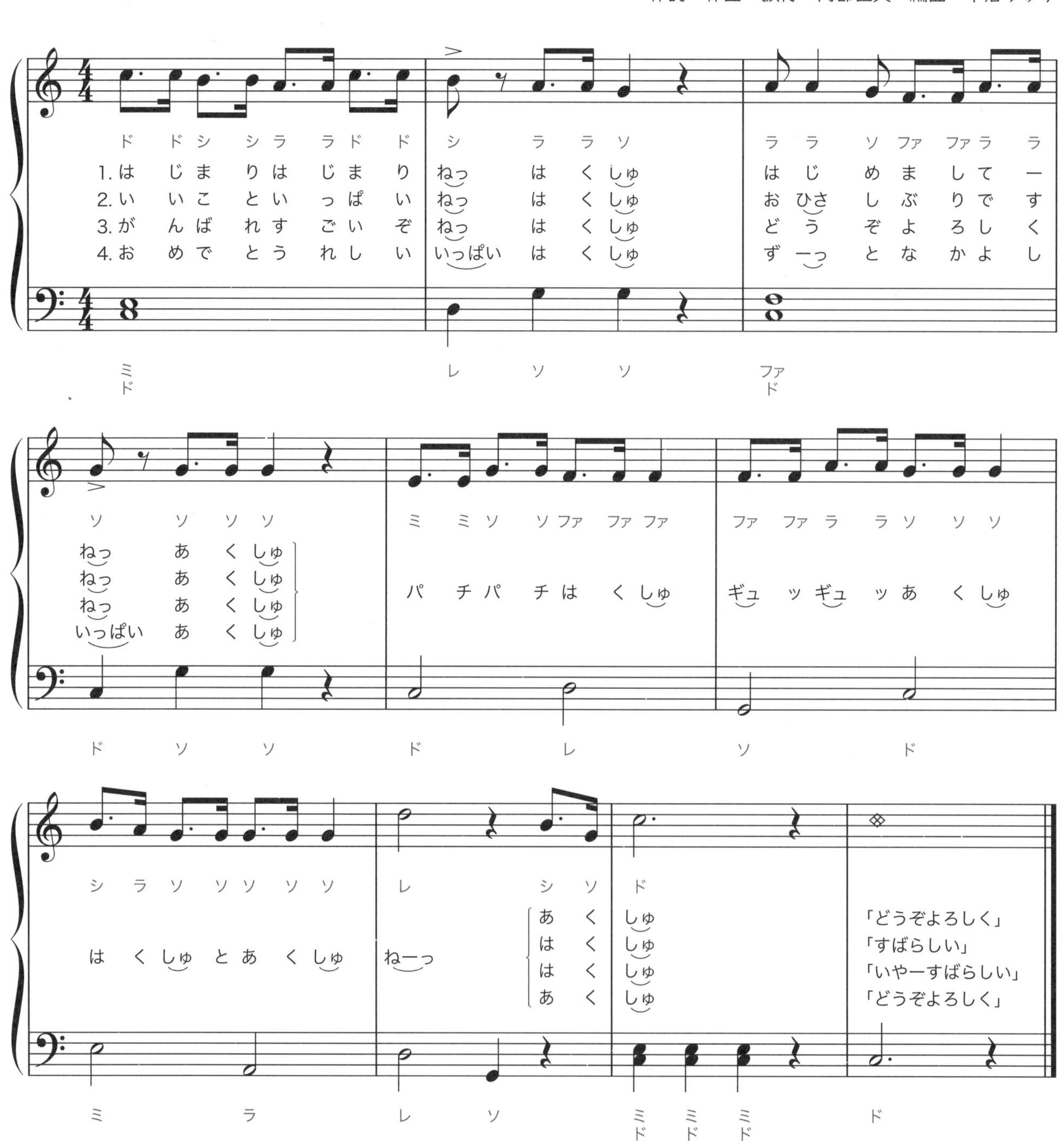

●2人組で向かい合って立つ。

1番

1 はじまり　はじまり ねっ

両手をつないで上下に振りながら、軽くジャンプする。

2 はくしゅ

2回手をたたく。

3 はじめまして ねっ

1と同じ。

4 あくしゅ

互いの右手で握手し、軽く上下に振る。

5 パチパチ はくしゅ

4回拍手する。

6 ギュッギュッ あくしゅ

4と同じ。

7 はくしゅと

2と同じ。

8 あくしゅ

4と同じ。

9 ねーっ

両手を大きく開いて上げる。

10 あくしゅ「どうぞよろしく」

握手した手を上下に振りながら、せりふを言う。

2番

1番に準じて、10の動きを変える。

10 はくしゅ「すばらしい」

拍手を2回した後、両手を相手に向けて振り、褒めたたえるしぐさをする。

3番

1番に準じて、10の動きを変える。

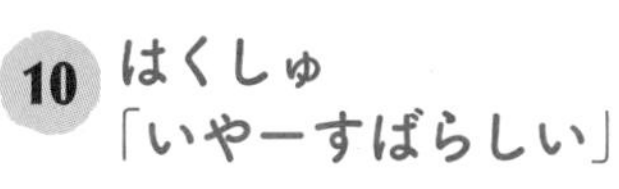

10 はくしゅ「いやーすばらしい」

2番の10より、更に大きく手を伸ばし相手を褒めたたえる。

4番

1番に準じて、2 4の動きを変える。

2 いっぱいはくしゅ

速いリズムで何度も拍手する。

10 あくしゅ「どうぞよろしく」

握手をした手をせりふに合わせて何度も大きく上下に振る。

この手あそび、ここが楽しい！

似た言葉、どっちかな？

「拍手」と「握手」はよく似た言葉ですが、しぐさは大きく異なります。どんな時に拍手や握手をするのかを話し合ってから遊んでみましょう。

ポイント 2番、3番の10は、拍手の後の「すばらしい」のせりふに合わせて、相手に向かって両手を伸ばし、ヒラヒラ振ります。思い切り速く、小刻みに手を振り続け称賛の気持ちを表しましょう。

アレンジ 慣れてきたら、9「ねーっ」の後、リーダーが自由に「握手」か「拍手」のどちらかを言い、みんなはコールをよく聞いてどちらかのしぐさをしても楽しいでしょう。

春　入園・進級　自己紹介

年齢の目安 0 1 2 3 4 5

あなたのおなまえは

作詞：不詳　インドネシア民謡　編曲：平沼みゅう　振付：阿部直美

●保育者（リーダー）がみんなの前に立つ。

1 かわいい あのこは

リーダーは歌いながら一人を指さす。

2 〇〇ちゃん

周りの子どもは、指さされた子どもの名前を答える。

3 げんきな あのこは

リーダーは歌いながら別の一人を指さす。

4 〇〇ちゃん

周りの子どもは、指さされた子どもの名前を答える。

5 ゆかいな　あのこは

リーダーは歌いながら別の一人を指さす。

6 〇〇ちゃん

周りの子どもは、指さされた子どもの名前を答える。

7 さあ　みんなでごあいさつ

「さあ」は歌のみ、「みんなでごあいさ」で４回拍手、「つ」でお辞儀をする。

8 あなたのおなまえは
あなたのおなまえは
あなたのおなまえは
「〇〇です」

リーダーは歌いながら一人一人を指さしていき、３番目に指さされた子どもは名前を答える。

9 あら　すてきな おなまえね

全員で拍手をしながら歌う。

この手あそび、ここが楽しい！

一人ひとりの子どもへ

男性コーラスグループ「ボニージャックス」が『かわいいあの娘』というタイトルで歌っていました。保育現場では、いつの頃からか、後半の 8 9 の部分だけが歌われるようになった曲です。

ポイント クラスの子どもたちの名前を、できるだけたくさん折り込んで歌いましょう。最後の「あなたのおなまえは」の 𝄐（フェルマータ）は、子どもが名前をはっきり言えるよう、十分音を伸ばして待ちましょう。

アレンジ 「鉄棒が上手な〇〇ちゃん」「踊りが大好きな△△ちゃん…」など、子どもたちの特徴を捉えた歌詞を考えて歌ってみましょう。誕生会のお祝いソングにもなります。

春　生き物

年齢の目安　0 1 2 3 4 5

ハンカチちょうちょ

作詞・作曲・振付：阿部直美　編曲：平沼みゅう

●２人組で向かい合い、１人がハンカチを持つ。

1番

1 ひらひら　ひらひら　ちょうちょ

ハンカチの中央を持ち、チョウに見立てて自由に動かす。

2 あたまに　とまった

頭に留まらせる。

2番

1番に準じて、2の動きを変える。

2 おみみに　とまった

耳に留まらせる。

3番

1 ひらひら　ひらひら　ちょうちょ

1番の1と同じ。

2 ともちゃんに　とまった

友達に留まらせる。

3 しずかに　はねを　とじた

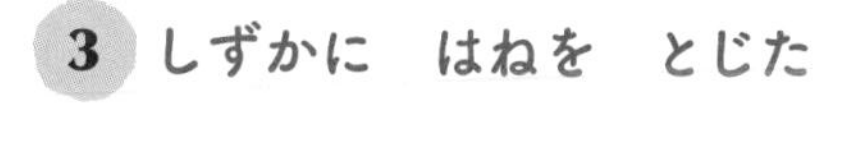

ハンカチを二つ折りにする。

この手あそび、ここが楽しい！

ハンカチでふれあいあそび

ハンカチをチョウチョウに見立てて、友達とふれあうあそびです。乳児は親子の集いなどでやってみたい曲です。

ポイント 2「……にとまった」の後、間奏の所では「ほら、とまったよ」などと、子どもに言葉を掛けましょう。最初にハンカチをジグザグに折っておくと、羽根を閉じるところが本当に閉じたように見えます。

アレンジ ハンカチを４分の１に畳んで中央をつまみ、小さなチョウチョウを作って遊んでもよいでしょう。「あたま」「おみみ」は、「おひざ」「おなか」などに変えて遊んでみましょう。

1 行事・生活の手あそび

こどもの日　食べ物

年齢の目安 0 1 2 3 4 5

かしわもちギュッギュッ

作詞：佐倉智子　作曲：おざわたつゆき　編曲：平沼みゅう　振付：阿部直美

1 あんこが　ギュッ

「あんこが」は力こぶのポーズをし、「ギュッ」で両肘を脇に付ける。

2 つまって ギュッ

1 と同じ。

3 はっぱの

右手を左肩に置く。

4 ようふく

左手を右肩に置く。

5 きてるおもち

左右に首を振る。

6 たべたら ギュッ

1 と同じ。

7 かしわもち

3回拍手する。

8 げんきだ ギュッギュッ

1 と同じで、「ギュッ」を2回する。

9 ちからもち

大きく力こぶのポーズをする。

この手あそび、ここが楽しい！

柏餅の由来は子孫繁栄

柏の葉は、新芽が育つまでは古い葉が落ちないことから「子孫繁栄」で縁起が良いとされてきました。こどもの日に食べるお餅の由来を話してから手あそびへと発展させましょう。

ポイント 何回も出てくる「ギュッ」は、後半に向かってだんだん強くします。

アレンジ 「リスさんの小さい柏餅」「ゾウさんの大きな柏餅」…と、いろいろな設定をして動きに強弱をつけて遊んでみましょう。

年齢の目安 0 1 2 3 4 5

あまだれぽったん

作詞・作曲：一宮道子　編曲：平沼みゅう　振付：阿部直美

♩=132 リズミカルに

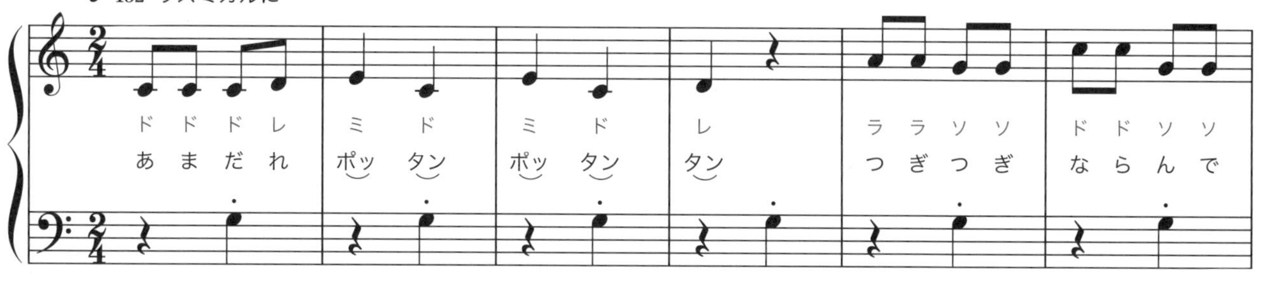

ミ ド　レ　ミ ド　ラ ラ ソ ソ　ミ レ ド レ　ド
ポッ タン　タン　ポッ タン　コ ロ コ ロ　ど こ へ い　く
ソ　ソ　ソ　ソ　ソ　ド

●椅子に座る。

1 あまだれ

動きは付けずに歌う。

2 ポッ

1回拍手する。

3 タン

両膝を1回たたく。

4 ポッタンタン
2を1回、3を2回行う。

5 つぎつぎならんで
1と同じ。

6 ポッタンタン
4と同じ。

7 ポッタン
2 3と同じ。

8 コロコロどこへいく

かいぐりをしながら、
自由に動かす。

この手あそび、ここが楽しい！

リズムを楽しもう！

シンプルなメロディと、「ぽったん」という言葉の響きが子どもたちに人気の曲です。手あそび歌ではありませんが、リズム打ちして楽しみましょう。

ポイント 左手伴奏のスタッカートの響きが感じられるように演奏します。それに伴って、歌声は優しく、しぐさは軽やかに行なうとよいでしょう。

アレンジ 「ぽったん」の「拍手」「膝たたき」は、慣れてきたら2人組になり、「拍手」「両手合わせ」など、さらに複雑な動きに変えて遊んでみましょう。

かたつむり

文部省唱歌　編曲：平沼みゅう　振付：阿部直美

●2人組で向かい合い、机の上に右手を乗せる。

1 でんでんむしむし かたつむり

一人がグー、チョキ、グー、チョキと手を前進させ、「り」で止まる。

2 おまえのあたまは どこにある

もう一人も、1と同じ動作をし、向かい合うところで止まる。

3 つのだせ

両者、人さし指を立てる。

4 やりだせ

両者、中指を立てる。

5 あたまだせ

「せ」でじゃんけんをする。勝った方が、先に動くカタツムリになって更に進み、2回戦をする。

この手あそび、ここが楽しい！

グー・チョキのあそび歌

この曲は明治44年『尋常小学唱歌』に掲載され、以来、現在に至るまで広く歌い継がれています。そのため、手あそびではありませんが、様々な振りがつき、あそび歌としても活用されています。

ポイント 3歳前の子どもたちはチョキを出すのがまだ難しいので、3「つのだせ」で1本指を立て、4「やりだせ」でゆっくりと2本目の指を立ててチョキの形を作る練習をしてから遊んでみましょう。

アレンジ 0・1歳児には、保育者がチョキをカタツムリに見立て、歌いながらゆっくり体を触ってあげるだけでも喜ばれます。

ほせほせ からかさ

わらべうた　編曲：平沼みゅう

1回目

1 ほせ

片手をパーにして前に出し、もう一方の手はグーにして腰に当てる。

2 ほせ

1 の動作を左右逆の手でする。

3 からか

1 と同じ。

4 さ

2 と同じ。

5 ひとに

6 かすなら

7 やぶれが

8 さ

1 2 を繰り返す。

2回目

1回目 と手の動きを変えて行なう。

1 ほせ

片手をグーにして前に出し、もう一方の手はパーにして腰に当てる。

2 ほせ

1 の動作を左右逆の手でする。

この手あそび、ここが楽しい！

傘をイメージして

パーの手を開いた傘、グーの手を畳んだ傘に見立てたゲームあそびです。リズミカルに唱えながら遊びましょう。

ポイント 1回目は、歌に合わせて出す手をパーにします。2回目は出す手をグーにします。すると急にやりにくくなり、グーのつもりがパーを出してしまいます。このやりにくさを楽しむあそびです。同じ歌詞を2回繰り返してやってみましょう。

アレンジ 大きい傘はゆっくり、小さい傘は速く…とテンポに変化をつけると遊びが盛り上がります。保護者会など、大人の集いにやっても笑いの輪が広がります。

かわずのよまわり

作詞：野口雨情　作曲：中山晋平　編曲：平沼みゅう　振付：阿部直美

1 かわずの　よまわり

手拍子を８回する。

2 ガッコ　ガッコ

両手を正面に向けて腕を引く「ガッコ」のポーズを２回繰り返す。

3 ゲッコ

両腕を伸ばす「ゲッコ」のポーズを１回行なう。

4 ピョン　ピョン

手のひらを上に向け、２回握ったり開いたりする。

5 ラッパふく
ラッパふく

ラッパを吹くしぐさで左右に振る。

6 ガッコ　ゲッコ　ピョン

「ガッコ」「ゲッコ」「ピョン」のポーズを１回ずつ行なう。

7 ソレふけ　もっとふけ

5 と同じ。

8 ガッコ　ゲッコ　ピョン

6 と同じ。

4 ガッコ　ガッコ　ガ
ハ　ピョンコ　ピョンコ　ピョン
ゲッコ ゲッコ ゲ
ハ　ピョンコ　ピョンコ　ピョン
ガッコ　ピョン　ゲッコ　ピョン
ガッコ　ゲッコ　ピョン

「ガッコ」「ゲッコ」「ピョン」のポーズを歌詞に合わせて繰り返す。「ピョンコ」は「ピョン」と同じ。

この手あそび、ここが楽しい！

かわずはカエル！

「かわず」は「カエル」の古い呼び名です。昔はカエルをかわずと言っていたことを、子どもたちに伝えてから歌ってみましょう。

ポイント 昭和５年に作られた曲です。「ガッコ　ガッコ　ガッハ」の「ハ」は、合いの手の「ハッ」または「アッ」のイメージで歌いましょう。

アレンジ 慣れてきたら、「ガッコ」「ゲッコ」「ピョン」のしぐさを、例えば「グー」「チョキ」「パー」に変えるなど、難易度をあげて遊んでもよいでしょう。

とけいのうた

作詞：筒井敬介　作曲：村上太郎　編曲：平沼みゅう

1番

1 コチコチカッチン

両手を開いて左右に振る。

2 おとけいさん

３回拍手する。

3 コチコチカッチン

1 と同じ。

4 うごいてる

2 と同じ。

5 こどものはりと

左手を横に伸ばす。

6 おとなのはりと

右手を上に伸ばし「３時」の形を作る。

7 こんにちは

両手を下げてお辞儀をする。

8 さようなら

6 のポーズで両手を振る。

9 コチコチカッチン

1 と同じ。

10 さようなら

8 と同じ。

2番

1番 に準じて、**5** **6** の動きを変える。

5 こどもがピョコリ

左手を横に伸ばし下（時計回り）に少し動かす。

6 おとながピョコリ

右手を上げて右（時計回り）に少し動かす。

この手あそび、ここが楽しい！

時計になったつもりで

元来は手あそび歌ではありませんが、子どもたちは歌いながら、しぜんに両手を時計の針に見立ててしぐさをします。振りをつけることでより歌詞の内容を理解することができます。

ポイント **3**「コチコチ　カッチン」の動作は「コチ　コチ　カッチン」と１拍ずつ区切るように動かすのがポイントです。

アレンジ 小さな腕時計だったらどんなふうに動くかをみんなで考えてしぐさをしてみましょう。両方の人さし指を針に見立てて小さく動かすなど工夫をしてみましょう。時の記念日（６月10日）の前後に遊んでみたい曲です。

七夕

年齢の目安 0 1 2 3 4 5

たなばたまつりのうた

作詞：佐倉智子　作曲：おざわたつゆき　編曲：平沼みゅう　振付：阿部直美

1番

1 おりひめ

右手をグーにする。

2 ぼしの

右手をパーにする。

3 はたおる

1 と同じ。

4 おとが

2 と同じ。

5 きこえてくるようですね

右耳に手を当てる。

6 ささのはゆれる

両手を上に伸ばし左右に振る。

7 たなばたまつり

手を大きく交差して２回まわす。

2番

1 ひこぼし

左手をグーにする。

2 さまの

左手をパーにする。

3 ふえふく

2番 1 と同じ。

4 おとが

2番 2 と同じ。

5 きこえてくるようですね

左耳に手を当てる。

6 ささのはゆれる

1番 6 と同じ。

7 たなばたまつり

1番 7 と同じ。

この手あそび、ここが楽しい！

夜空の星を見てみよう

七夕まつりの由来を話した後で遊んでみたい手あそびです。織り姫・彦星は共に夏の夜空に見ることができる「星」だということも合わせて伝えましょう。

ポイント 「おりひめー」「はたおるー」「きこえてー」の・印の箇所は、音を切らないように歌います。「ささのはゆれる」からは息をたっぷり吸ってゆったりと流れるように歌い、しぐさもそれに合わせるようにします。

アレンジ 画用紙をジャバラに折り、片方の端に織り姫、もう片方に彦星の絵を描きます。中間部は天の川を描きます。この紙を歌いながら徐々に開いて見せると、イメージがつかみやすくなります。

七夕　数

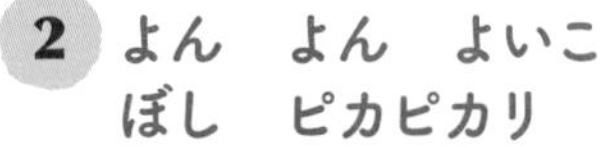

おほしさまゆび

作詞・作曲・振付：阿部直美　編曲：平沼みゅう

1番

1 いち　いち　いちごぼし　ピカリ

両手の親指を７回打ち合わせる。

2 に　に　にこにこぼし　ピカピカリ

親指を離さず、人さし指を打ち合わせる。

2番

1 さん　さん　さんかくぼし　ピカリ

親指、人さし指を離さず、中指も加えて打ち合わせる。

2 よん　よん　よいこぼし　ピカピカリ

親指、人さし指、中指を離さず、薬指を打ち合わせる。

3番

1 ご　ご　ゴリラぼし　ピカリ

親指、人さし指、中指、薬指を離さず、小指を打ち合わせる。

2 ゆびの　おほしさま　ピカピカリ

４回拍手した後、両手を上げてキラキラさせる。

この手あそび、ここが楽しい！

数字に親しもう！

１本、２本、３本…と指を打ち合わせていくと、最後の５本で拍手になる遊びです。数字に興味を持ち始めた頃にやってみたい指あそびです。

ポイント　1番 1「いち」で打ち合わせた指を離さず、2「に」で指を打ち合わせ、それは離さず更に 2番 1「さん」の指を打ち合わせます。指だけだと大きな音は出ませんが、最後 3番 2 で指を離し「ゆびのおほしさま…」の拍手は、大きな音が出るよう元気に手をたたきましょう。

アレンジ　「いち」が「いちごぼし」と掛け言葉になっています。「いちのつくものは、どんなものがあるかな…」とみんなで考えて「いちじくぼし」「いちばんぼし」など、言葉あそびに発展させてもよいでしょう。

せみのかぞく

作詞・作曲・振付：阿部直美　編曲：平沼みゅう

1番

1 あかちゃんぜみが

両手の小指を出す。

2 ミンミンミーン

左右の小鼻を押さえて、セミの鳴き声をする。

2番

1番 に準じて、薬指で行なう。

3番

1番 に準じて、中指で行なう。

4番

1番 に準じて、人さし指で行なう。

5番

1番 に準じて、親指で行ない、最後は大きな声で鳴く。

この手あそび、ここが楽しい！

声の出方を楽しもう！

小鼻を押さえて声を出すと、いつもと違ってビブラートの掛かった音色の愉快な声になります。押さえる強さを工夫して、セミの鳴き声を出してみましょう。

ポイント 赤ちゃんゼミは小さくかわいい声で鳴きます。姉さん、兄さん…と段々大きな声になり、最後の父さんゼミは特別大きな鳴き声が出せるかな？　薬指を出すところがちょっとやりにくいのですが、遊びながら手先の巧緻性が身につきます。

アレンジ セミを、ブタやネコなど、鳴き声のわかりやすい動物に変えても楽しめます。「ブレーメンの音楽隊」の物語に出てくる、ロバ・イヌ・ネコ・ニワトリ・最後はドロボウなどの鳴き声や叫び声の替え歌を作って遊んでもいいでしょう。

夏　動物

年齢の目安 0 1 2 3 4 5

とんでった麦わらぼうし

作詞：阿部直美　作曲：おざわたつゆき　編曲：平沼みゅう　振付：阿部直美

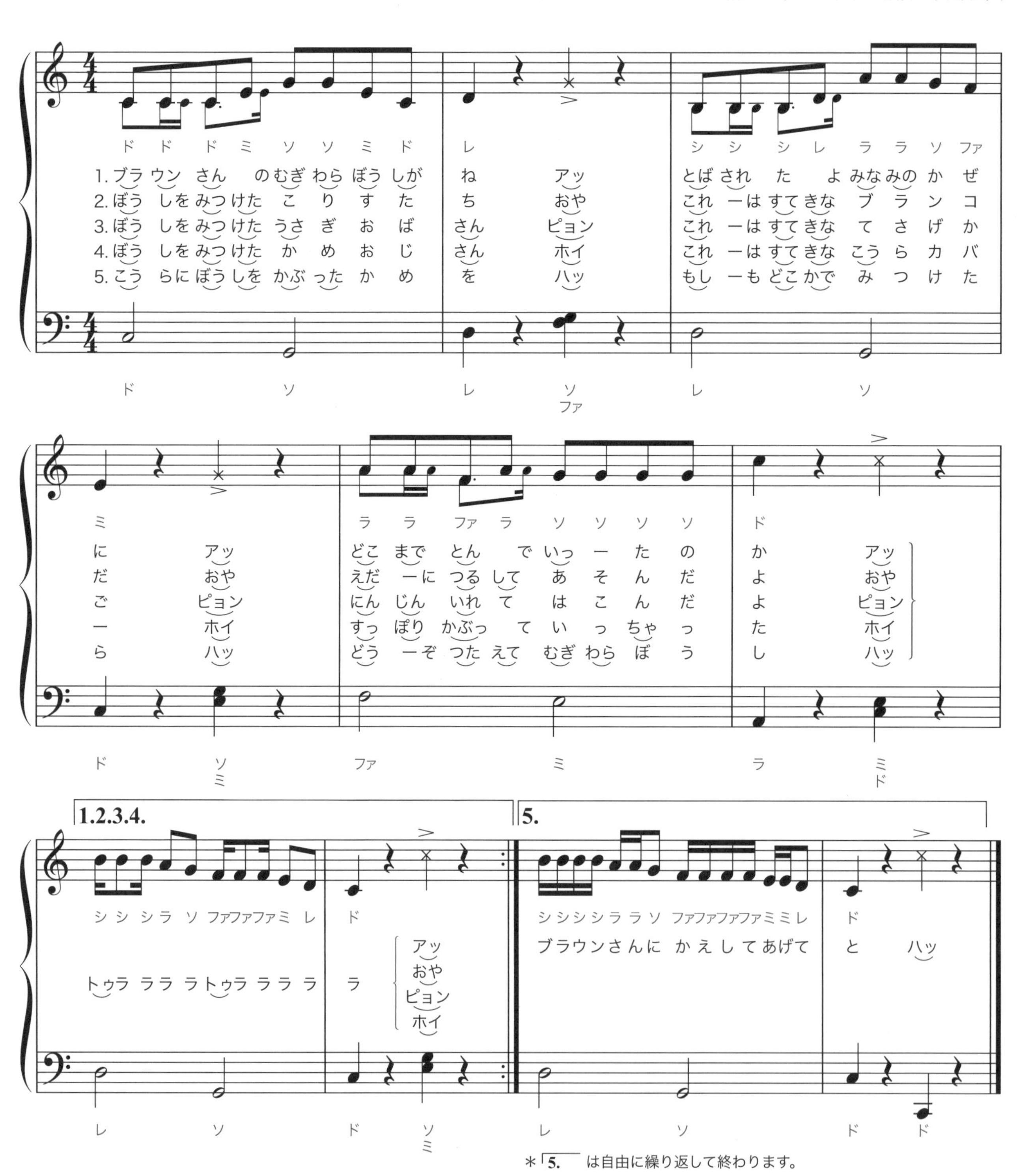

1番

1 ブラウンさんの

拍手を２回する。

2 むぎわらぼうしがね

右手を左肩に当て、次に左手を右肩に当て、「ね」で首をかしげる。

3 アッ

両手を顔の横で広げ、驚くしぐさをする。

4 とばされたよ
5 みなみのかぜに
6 アッ
1 2 3 を繰り返す。

7 どこまでとんで
8 いったのか
9 アッ
1 2 3 を繰り返す。

10 トゥラララララ
11 トゥラララララララ
12 アッ
1 2 3 を繰り返す。

2番

1番に準じて、3の動きを変える。

3 おや

人さし指で物を指さし、何かを見つけたしぐさをする。

3番

1番に準じて、3の動きを変える。

3 ピョン

両手を頭に付け、ウサギの耳を作って跳ねる。

4番

1番に準じて、3の動きを変える。

3 ホイ

両手を腰に当てる。

5番

1番に準じて、3の動きを変える。

3 ハッ

額に手をかざし、遠くを見るしぐさをする。

この手あそび、ここが楽しい！

合いの手を楽しもう！

麦わら帽子を見つけた動物たちが、帽子をいろいろな物に見立てる、しぐさ遊びです。「アッ」「おや」…などの合いの手の部分をタイミングよく、しっかりと表現してみましょう。

ポイント 1「ブラウンさんの」2「むぎわらぼうしがね」3「アッ」の動作を繰り返しながら物語が進んでいく曲です。この基本の動作をリズムに合わせて行なうことが大切です。最後の「5. の部分は自由に繰り返しますが、次第に歌声も動作も小さくし、最後、もう一度フォルテで終わるとあそびが盛り上がります。

アレンジ ストーリー性のある歌詞なので、紙芝居、ペープサート、エプロンシアター®にして見せても楽しいでしょう。

夏　気象　数　体の部位

年齢の目安　0 1 2 3 **4 5**

かみなりどんがやってきた

作詞：熊木たかひと　作曲：鈴木　翼　振付：熊木たかひと・鈴木　翼　編曲：平沼みゅう

この手あそび、ここが楽しい！

全部隠せるかな？

かみなり様は人間の「おへそ」が大好物で、すきがあればおへそを取ろうとしている……。といった話を聞かせてからあそびに入りましょう。

ポイント 1番で隠すのは「あたま」。2番で「あたま」と「おしり」。3番は「あたま」と「おしり」と「ひざ」……。のように、言葉が増える「積み重ね歌」です。コールに合わせて、タイミングよく体の部位を隠せるかな？

アレンジ 2人組になって、互いの体の部位を隠し合っても楽しいでしょう。

1番

1 かみなりどんが

片方の人さし指を立てて頭の上に添える。

2 やってきた

もう片方の人さし指も頭の上に添える。

3 ドンドコドン ドンドコドン

たいこを打つしぐさをする。

4 かくさないと

両手で顔を隠す。

5 とられるぞ

両手を開く。

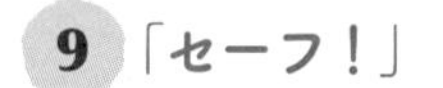
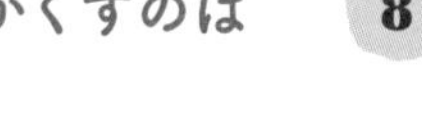

6 ドンドコ ドンドンドン

3 と同じ。

7 かくすのは

4回拍手する。

8「あたま」

頭を押さえる。

9「セーフ！」

片方の肘を曲げて伸ばす。

10「イエス！」

片方の手でガッツポーズをする。

2番

1番 に準じて、2本の指で行ない、**8** は押さえる所を増やす。

8「あたま　おしり」

頭とおしりを押さえる。

3番

1番 に準じて、3本の指で行ない、**8** は押さえる所を増やす。

8「あたま　おしり　ひざ」

頭とおしり、膝を押さえる。

4番

1番 に準じて、4本の指で行ない、**8** は押さえる所を増やす。

8「あたま　おしり　ひざ　ひじ」

頭とおしり、膝、肘を押さえる。

5番

1番 に準じて、5本の指で行ない、**8** は押さえる所を増やす。

8「あたま　おしり　ひざ　ひじ　くち」

頭とおしり、膝、肘、口を押さえる。

夏　プール　生き物　準備体操

年齢の目安 0 1 2 3 4 5

なつだよプールだよ

作詞・作曲・振付：阿部直美　編曲：平沼みゅう

1 かえるのともだちになって
スイスイスイ

胸の前で手のひらを下側に向けて手を左右に回しながら、足を曲げ伸ばし、平泳ぎのしぐさを４回繰り返す。

2 くらげのきょうだいになって
プカプカプカ

両手を頭上で合わせ、上体を左→右→左→右と傾ける。

3 いるかのせんせいになって

足踏みしながら、４回拍手する。

4 ジャンプ　ジャンプ　ジャンプ

握りこぶしを作って肘を曲げ、上下に２回振り、大きく１回ジャンプする。

5 ワーイワイワイワイワイ
なつだよプールだよ

足踏みしながら、手をヒラヒラさせ、大きく腕を回す。

6 ワーイワイ
ワイワイワイ
なつだよ
プールだよ

5に同じ。

この手あそび、ここが楽しい！

プール前の準備体操に！

プール遊びの準備体操としても使える曲です。動作は簡単ですが、体を大きく動かして体操ふうに行なうとよいでしょう。

ポイント 3「足踏みで拍手」5 6「足踏みしながら腕を回す」といった動作は、手だけでなく、足もしっかり動かすと、めりはりのある動きになります。4の「ジャンプ　ジャンプ　ジャンプ」は、跳びはねるタイミングをクラス全員が合わせられるようになるとより楽しいです。

ポイント はじめは、手あそびのように椅子に座り、上半身だけを動かして遊び、歌い終わったら、保育者が「クロール　ジャブジャブ…」「バタフライ　バシャバシャ…」などとコールして泳ぎ方の自由表現へとつなげてみましょう。

お泊まり会 お風呂 清潔 ゲーム

年齢の目安 0 1 2 3 4 5

おふろやさんに行こう

作詞・作曲・振付：阿部直美　編曲：平沼みゅう

●みんなで立つ。

1 みんなでいこう（いこう）
おふろやさん（おふろ）
タオルにせっけん（せっけん）
ブラシにシャンプー（シャンプー）

歌に合わせて自由に歩き、「いこう」でこぶしを上げる。「(シャンプー)」の後、リーダーが「3人」などと人数をコールし、子どもたちはその人数で集まり、輪になる。

2 ジャブジャブジャブ

輪の中心を向き、顔を洗うしぐさをする。

3 プクプクプクー

頭を洗うしぐさをする。

4 ゴシゴシ　シャワシャワー

タオルをたすきがけにして背中を洗うしぐさをする。

5 ジャブジャブジャブ
プクプクプクー　ゴシゴシ
シャワシャワー

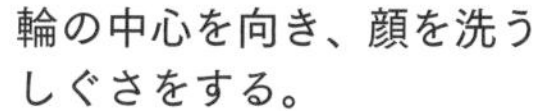

2～4と同じ。ただし、人数になれなかった人は、輪の人の背中を洗う。

6 あついかな　ぬるいかな
かきまぜて

人数に入れなかった人を輪に入れて手をつなぎ、右足先、左足先の順で湯につけるしぐさをした後、足でかき混ぜる。

7 おふろにはいろう
いちにのザブン

つないだ手を前後に揺らし、「ザブン」で全員が輪の中に飛び込んでしゃがむ。

この手あそび、ここが楽しい！

勝ち負けのないゲーム！

勝ち負けのない人数集まりゲームです。子どもだけでなく、親子が一緒に遊んでも楽しめます。練習をしなくてもすぐにできるので、運動会のゲームとしても使えます。

ポイント 1（　）の合いの手部分は、足を止め元気に言葉をコールしましょう。2「ジャブジャブジャブ」からは歌いながら動作をします。「プクプクプクー」は5の2回目の「クー」の音程に注意しましょう。

アレンジ 低年齢児は、子どもを膝の上に乗せ、後ろから手を添えてやってみましょう。前半は拍手、後半は歌詞に合わせて顔・頭・背中を洗います。

夏　生き物　ふれあい

年齢の目安　0 1 2 3 4 5

おおなみ　ざんぶりこ

作詞・作曲・振付：阿部直美　編曲：平沼みゅう

1番　●2人組みになって向き合う。

1 おおなみ　ざんぶり ざんぶりこ

2人組になって両手をつなぎ、歌に合わせて左右に揺らす。

2 なつのはまべで カニさんは

2人向き合って7回拍手をする。

3 はさみをふりふり たいそうだ

両手をチョキにして右手で2回、左手で2回、体の横曲げをする。

2番

1番に同じ。ただし、「にゅうどうぐもにてをふった」は、両手をチョキにして、頭上で8の字を描くようにして振る。

この手あそび、ここが楽しい！

じょうずに“チョキ”が作れます

ジャンケンのチョキの形はなかなか作りにくいのですが、カニをイメージすると形がとりやすくなります。

ポイント　チョキの形が作れるようになったら曲の最後「たいそうだ」を「ジャンケンポン」と歌いかえて勝負をつけても楽しいでしょう。

アレンジ　2は2人で両手を打ち合わせてもよいでしょう。親子遊びとしても人気があります。

大きな栗の木の下で

作詞：不詳　イギリス曲　編曲：平沼みゅう

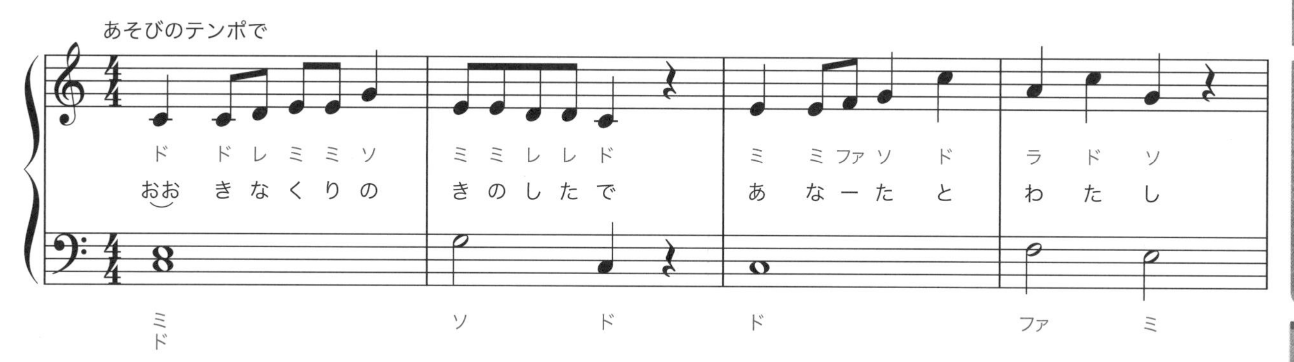

1 おおきな くりの

両手を左右に広げてから、大きな木を抱えるしぐさをする。

2 きの

両手を頭に当てる。

3 した

両手を肩に当てる。

4 で

両手を下ろす。

5 あなたと

前にいる人をさすように、人さし指を出す。

6 わたし

人さし指で自分をさす。

7 なか

右手を左胸に当てる。

8 よく

左手を交差させて右胸に当てる。

9 あそびましょう

左右に揺れる。

10 おおきな　くりの　**11** きの　**12** した　**13** で

1〜**4** と同じ。

この手あそび、ここが楽しい！

手遊び歌の代表

イギリス民謡を基に作られた童謡で、原題は『枝をひろげた栗の木の下で』。「NHK テレビうたのおじさん」で友竹正則氏が振りを付けて歌ったことから「手あそび歌」として親しまれるようになりました。

ポイント **2**〜**4**「きのしたで」は、腰→肩→頭（バンザイポーズ）と動かすものも広く知られています。

アレンジ「大きな大きな栗の木の下で」や、「ちっちゃなちっちゃな栗の木の下で」など、木のサイズを変えて遊んでみましょう。

秋　植物　生き物

年齢の目安　0 1 2 3 4 5

どんぐりころころ

作詞：青木存義　作曲：梁田　貞　編曲：平沼みゅう　振付：阿部直美

●２人組で向かい合って立つ。

1番

1　どんぐりころころ　どんぶりこ

膝でリズムを取りながら、A、B 共にかいぐりをする。（以降、A、B 共同じ動作）

2　おいけにはまって　さあたいへん

胸の前で両手をパーにして軽く振りながら、自分の周りを１周する。

3 どじょうがでてきて

足踏みをする。

4 こんにちは

お辞儀をする。

5 ぼっちゃん　いっしょに あそびましょう

両手を取り合って軽く振りながら一回りする。

2番

1 どんぐりころころ よろこんで

2 しばらくいっしょに あそんだが

1番の1 2と同じ。

3 やっぱりおやまが

右、左の順に胸に手を当てる。

4 こいしいと

2番 3のポーズで膝を曲げ伸ばしながら、体を右→左に振る。

5 ないてはどじょうを　こまらせた

Aが座って泣き、Bは後ろから肩に手を当ててなぐさめるしぐさをする。

この手あそび、ここが楽しい！

日本童謡の代表曲

大正10年頃に作られた曲で、日本の童謡を代表する曲といわれています。起承転結のある物語性を持った歌詞が、子どもたちの心を今も捉えています。

ポイント 歌に合わせて多くの振り付けがなされていますが、1「ころころ」はほとんどかいぐりです。「かいぐり」は、「掻い繰り」と書き、両手を動かし糸などを繰り寄せるしぐさのことです。転がる動きにも似ているので、広く使われるようになりました。両手をリズミカルに回すと生き生きした表情が生まれます。

アレンジ 作詞者、青木存義の母校には「幻の3番」といわれる歌詞があり、「リスがどんぐりを助けて山に連れ帰った」という内容になっています。子どもたちと一緒に、ドングリはどうなったのか考えて「お話し作り」に発展させても楽しいでしょう。

秋　植物　動物

年齢の目安 0 1 2 3 4 5

まつぼっくり

作詞：広田孝夫　作曲：小林つや江　編曲：平沼みゅう　振付：阿部直美

この手あそび、ここが楽しい！

オリジナルを作ろう！

よく知られている歌ですが、歌い継がれていく中でいろいろな動作を付けて歌われるようになりました。自分のクラスのオリジナルな振り付けを考えても楽しいですね。

ポイント 子どもの手あそびで左右同じ動作をする場合は、どちらの手からやっても構いません。この曲はシンプルなので、手は右手→左手の順に動かします。このとき、保育者は子どもに向かって立ち、左手→右手の順にやって見せるのがポイントです。あそびを通して「右手」「左手」を覚えましょう。

アレンジ 「さ」という言葉がたくさん出てくるので、歌詞のそれぞれの「さ」の部分で、片手を頭、もう片方の手を顎に添えた「サルのポーズ」を素早く入れて遊んでみましょう。

1 まつぼっくりが

手を右・左の順で腰に当てる。

2 あったとさ

腰に手を当てたまま、
体を右→左に振る。

3 たかいおやまに

手を右、左の順に頭の上にのせる。

4 あったとさ

手は頭の上のまま、体を右→左に振る。

5 ころころころころ
あったとさ

かいぐりをしながら一回りする。

6 おさるがひろって

おさるになったつもりで、4回拍手する。

7 たべたとさ

下から拾って食べるしぐさをする。

秋　食べ物　色

年齢の目安 0 1 2 3 4 5

りんごちゃん

作詞・作曲・振付：阿部直美　編曲：平沼みゅう

●子どもと向かい合って座る。

1番

1 りんごちゃん　りんごちゃん

4回拍手をする。

2 まだみどり

保育者は子どもの両頬を渦巻き状になでる。

3 りんごちゃん りんごちゃん どんなあじ

1 2 と同じ。

4（ ）

保育者は子どもの両頬をギュッと押さえる。

5「すっぱーい」

3 のまま、子どもは「すっぱーい」と言う。

6「ほんとかな？」

保育者は子どもを指さし「ほんとかな？」と言う。

2番

1番 と同じ。

3番

1番 と同じ。

4番

1 ～ **4** まで **1番** に同じ。**5** **6** は動きを変える

5「ムシャムシャムシャ

保育者が子どもの体を自由にさわる。

6 おいしーい」

保育者が子どもを抱きしめる。

この手あそび、ここが楽しい！

やり取りが楽しい！

子どもが「リンゴ」の役になり、簡単な言葉のやりとりをしながら遊びます。動作を覚えるのではなく、「言ってみたい」という気持ちを育てるふれあいあそびです。

ポイント **1番** ～ **3番** **5**「すっぱーい」は、保育者が子どもの頬を両手でギュッと挟みます。挟まれたままでせりふを言おうとすると、口がうまく回らなかったり、愉快な声色になってしまいます。そのおもしろさを楽しみましょう。保育者の **6**「ほんとかな？」は、次第に「あれ？おかしいな」と疑っている様子を言葉で表すとよいでしょう。

アレンジ 4・5歳児は、2人組になって **5**「すっぱーい」と **6**「ほんとかな？」を少し演劇的に行なってみましょう。「すっぱーい」の言い方や動作を毎回変えて、食べられてしまわないような表現を考えて遊んでみましょう。

秋　十五夜　食べ物

年齢の目安　0 1 2 3 4 5

おつきみだんご

作詞・作曲・振付：阿部直美　編曲：平沼みゅう

1番

1 おつきさまだって

右手を頭の上にあげる。

2 ひとくちたべたい

左手も頭の上にあげ、丸を作る。

3 おつきみ

右手をグーにして右頬に付ける。

4 だんご

左手もグーにして左頬に付ける。

5 ロケットにのって

胸の前で両手の指先を合わせ、三角にする。

6 とどけて

合わせた手を上げる。

7 あげたい

5 と同じ。

8 な

6 より大きく上げる。

2番

1番 と同じ。

この手あそび、ここが楽しい！

伝統行事、お月見とは？

お月見は平安時代から伝わる行事といわれています。丸い団子は、満月を表しています。ススキを飾るのは、月の神様が降り立つ目印、「依代（よりしろ）」とされているからです。行事の解説を話してからあそびに入りましょう。

ポイント ピアノの左手はスタッカートのリズムを生かして、歯切れよく弾きます。5 6 のしぐさよりももっと大きく 7 8 を行ないます。慣れてきたら立って動作をし、最後はジャンプするとよいでしょう。

アレンジ お月見は「芋名月」「栗名月」などとも呼ばれ、団子の他に収穫した芋や栗を供えます。歌の後、紙で団子や野菜などを作って飾ってみるのも楽しいでしょう。

秋分の日　食べ物

年齢の目安 0 1 2 3 4 5

おはぎの よめいり

わらべうた　アメリカ民謡　編曲：平沼みゅう　振付：阿部直美

●子どもと向かい合って座る。

1 おはぎが　およめに　いくときは

保育者が子どもの頭をなでる。

2 あんこと

保育者は子どもの右頬をくるくるなでる。

3 きなこで

子どもの左頬をくるくるなでる。

4 おけしょして

子どもの両頬をくるくるなでる。

5 まるい　おぼんに　のせられて

両手をつないで輪をつくり、軽く振る。

6 ついた　ところは

4回拍手する。

7 おうせつま

互いにお辞儀をする。

この手あそび、ここが楽しい！

もともとは、わらべうた

詞は日本のわらべうたで、日本音階のメロディーが付いて歌われていましたが、近年、アメリカ民謡『ごんべさんの赤ちゃん』（P69参照）の替え歌として歌われるようになりました。

ポイント 子どもの顔を「おはぎ」に見立てて触ります。メロディは付点音符の連続ですが、あまり跳ね過ぎず少し抑えて歌うとよいでしょう。

アレンジ 0歳児は寝たまま、体全体をおはぎに見立てて、なでたりさすったりして、ふれあいを楽しんでみましょう。3～5歳児は、**7**「おうせつま」でじゃんけんをしてもよいでしょう。

かたたたき

作詞・作曲・振付：阿部直美　編曲：平沼みゅう

●高齢者は座り、子どもはその後ろに立つ。

1番

1 トントントントン　かたたたき

高齢者の肩を右、左と交互にたたく。

2 りょうてそろえて　トントントン

両こぶしをそろえて８回たたく。

3 かたてで　トントン

右手で４回たたく。

4 かたてで　トントン

左手で４回たたく。

5 げんきでいてね

1 と同じ。

6 おじいちゃん

子どもは高齢者の肩に手を置き、
互いに顔を見合わせる。

2番

1番 と同じ。ただし、少し大きく肩たたきをする。

3番

1番 と同じ。ただし、少し小さく肩たたきをする。

この手あそび、ここが楽しい！

敬老の日などに

歌詞の通りに、片手と両手で肩たたきをします。敬老の日や親子の集いなどで遊んでみましょう。

ポイント **6**「おじいちゃん」の部分は、高齢者の顔をのぞき込むようにし、互いの目と目が合うようにすると、あそびが盛り上がります。

アレンジ **6**「おじいちゃん」を「お父さん」「お母さん」など名前を変えて遊んでみましょう。多くの親子で大きな輪を作り、前の人の肩をたたいても楽しいでしょう。

ハッピーハロウィン

作詞・作曲・振付：阿部直美　編曲：平沼みゅう

1番

1 かぼちゃのおばけも

頭の上で輪を作る。

2 こうもりも

両腕を伸ばし、はばたくしぐさをする。

3 こわれたふるいおしろから

体を前に倒し、平泳ぎのように手を大きく回す。「ら」で両手を握り合わせる。

4 にこにこわらってやってきた

両手のひらを左右に振る。

5 こわくはないぞ ハロウィンウィン

3 と同じ。

6 ハッピーハロウィン（ハロウィン） ハッピーハロウィン（ハロウィン）

「ハッピーハロウィン」は 4 と同じ。（ハロウィン）で右手をグーにして２回突き上げる。これを繰り返す。

7 こんやはおばけと

3 と同じ。

8 ともだちだ（ハロウィン）

6 と同じ。

2番

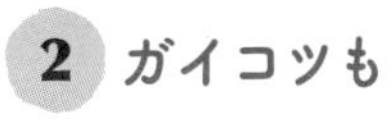

1 2 の動きを変えて、3 以降は 1番 に準ずる。

1 まほうつかいも

頭の上で手を三角に合わせる。

2 ガイコツも

ひじを曲げ、角張った形で手を上げ下げする。

この手あそび、ここが楽しい！

ハロウィンをより楽しく！

愉快なお化けがたくさん集うハロウィン。行事の由来を話してから歌ってみましょう。

ポイント 6「ハッピーハロウィン（ハロウィン）」の部分は慣れてきたら、リーダーとみんなに分かれ、リーダーが「ハッピーハロウィン」と歌いながらおもしろい動作を付けます。みんなは（ハロウィン）と歌いながらそれをまねしてみましょう。

アレンジ 手のしぐさはそのままで、1 2 は膝の屈伸、4 はひと回り、6 はその場とび…と、足の動きを加えると、発表会や運動会のダンスとしても使えます。

年齢の目安 0 1 2 3 4 5

トリック オアトリートの歌

作詞・作曲・振付：阿部直美　編曲：平沼みゅう

1番

1 トリック オア トリート

右人さし指を魔法の杖に見立てて、三角を描く。

2 トリック オア トリート

1 より大きく三角を描く。

3 おかしをくれなきゃ いたずらする

自由な方向にかいぐりをする。

4 ぞ

握りこぶしを胸の前で合わせる。

5 エイッ！

人さし指を大きく振り上げ、魔法をかけるしぐさをする。

この手あそび、ここが楽しい！

ハロウィンの合言葉

ハロウィンでよく使われる「トリックオアトリート」は、悪霊達が「もてなさないと、たいへんなことになるぞ！」という言葉だったとも言われています。日本では「お菓子をくれなきゃいたずらするぞ」という意味で広まっています。

ポイント 1小節目の「トリック　オアトリート」はリピートマークが付いています。2回繰り返して楽しく歌いましょう。

アレンジ 表はカボチャ、裏はジャックオーランタンの絵カードを作っておきます。歌に合わせて表面を左右に振り、**5**「エイッ」で裏面を見せるなど、あそびを工夫してみましょう。

冬　健康

年齢の目安 0 1 2 3 4 5

ごんべさんの赤ちゃん

作詞：不詳　アメリカ民謡　編曲：平沼みゅう

1 ごんべさんの

両手を頭上から顔に沿って下ろし、顎の下で結んで頬かぶりのしぐさをする。

2 あかちゃんが

両手で赤ちゃんを抱きかかえるしぐさをする。

3 かぜひいた

両手を口元に当て、せきをしながら前後に振る。

4 ごんべさんの あかちゃんが かぜひいた ごんべさんの あかちゃんが かぜひいた

1～3を2回繰り返す。

5 とてもあわてて

4回拍手する。

6 しっぷした

右手、次に左手と交差するように手を胸に当てる。

この手あそび、ここが楽しい！

アメリカの古い民謡

原曲のタイトルは『ジョン・ブラウンの赤ちゃん』です。日本には明治時代に曲が伝わり、歌いやすいメロディーに数々の替え歌が生まれました。

ポイント　付点音符が連続して出てくる曲です。元気に歯切れよく付点のリズムを生かして歌います。

アレンジ　3「かぜひいた」の「た」の後の休符で「クシュッ」と、小さなクシャミの動作を付けて入れてみましょう。2回目は「ハクション」と大きなクシャミ、3回目は「ハークション」と特大のクシャミをしても楽しいでしょう。

冬　動物

年齢の目安 0 1 2 3 4 5

ひつじさんのあみもの

作詞・作曲・振付：阿部直美　編曲：平沼みゅう

●２人組で向かい合って立つ。

1番

1 ひつじさん（ひつじさん）

Aが２回拍手した後、Bが２回拍手する。

2 ひつじさん（ひつじさん）

1と同じ。

3 なに　あんでるの

両者、両手の人さし指を立てて交差させ、編み物をしているしぐさをする。

4 ながい（ながい）

Aが両手を上下に広げて、ある長さを示し、次にBが同じ長さを示す。

5 ながい（ながい）
ながい（ながい）
なが－い（なが－い）

4を繰り返す。徐々に長くしていき、最後の「なが－い」は、一度せばめて「い」で広げる。

6 ヘビさんの　はらまき

両者、ヘビを自由に表現する。

7「よいしょ　ぴったりだ」

両者、ヘビが腹巻きを着ける動作を自由に表現する。

2番

1番に準じて、4～7の動きを変える。

4 おおきい（おおきい）

両手を広げていく。

5 おおきい（おおきい）
おおきい（おおきい）
おおきい（おおきい）

徐々に大きくしていき、最後の「おおきい」は、一度小さくし、「い」で大きくする。

6 ゾウさんの
パンツ

ゾウを自由に表現する。

7「よいしょ
ぴったりだ」

ゾウがパンツをはく動作を自由に表現する。

3番

1番に準じて、4～7の動きを変える。

4 ちっちゃい
（ちっちゃい）

両手の人さし指を立て、広げた両手を徐々にせばめていく。

5 ちっちゃい（ちっちゃい）
ちっちゃい（ちっちゃい）
ちっちゃ－い（ちっちゃ－い）

最後の「ちっちゃ－い」は、一度広げて、「い」でまたせばめる。

6 カメさんの
てぶくろ

カメを自由に表現する。

7「よいしょ
ぴったりだ」

カメが手袋をはめる動作を自由に表現する。

この手あそび、ここが楽しい！

まねと思い思いの表現

掛け合いで歌いながら、同じ動作をまねする歌遊びです。6「ヘビさんの　はらまき」など、編み上がったものをユーモラスに身に着けてみましょう。

ポイント 曲の前半はA、Bが向かい合って、AのしぐさをBがまねします。後半、1番6「ヘビさんの　はらまき」はA、Bともそれぞれ自分のイメージした動作で腹巻きを身に着けて、元気に7「よいしょ　ぴったりだ」と言いましょう。

アレンジ 慣れてきたら、登場する動物や編む物をいろいろな物に替えてみましょう。「カバさんのセーター」「アリさんのえりまき」「サンタさんのくつした」「オニさんのけいとのパンツ」など、情景が思い浮かぶ歌詞を考えてみましょう。

冬　清潔　動物

年齢の目安　0 1 2 3 4 5

こんこんクシャンのうた

作詞：香山美子　作曲：湯山昭　編曲：平沼みゅう　振付：阿部直美

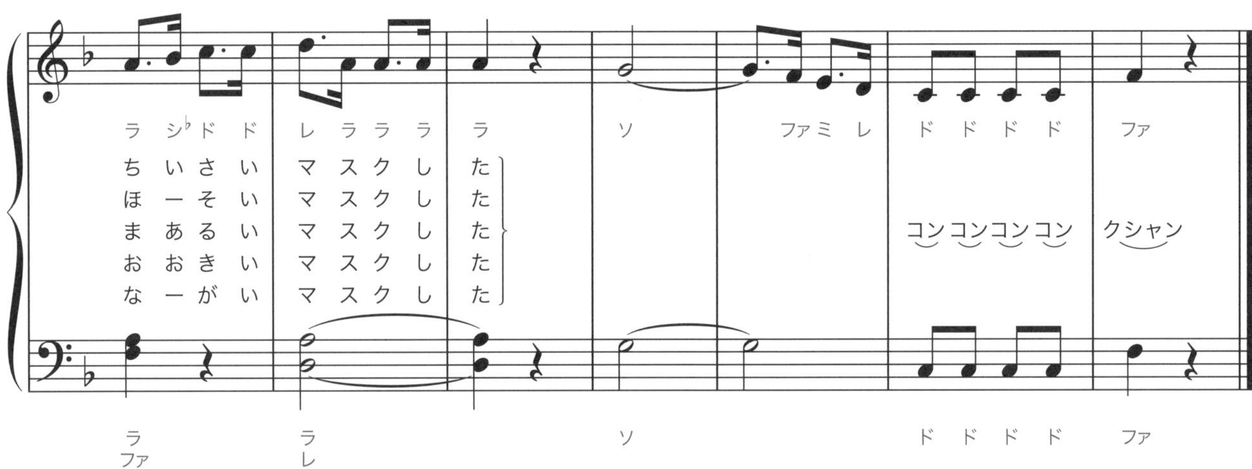

1番

1 リスさんが
マスクした

拍手を８回する。

2 ちいさい　ちいさい
ちいさい　ちいさい
マスクした（間奏）

親指と人さし指を輪にし丸を作る（マスク）。４回繰り返し、マスクをだんだん小さくする。間奏はそのままのポーズで止まる。

3 コンコンコンコン
クシャン

「コンコンコンコン」で上半身を前後に軽く振り、「クシャン」でマスクを前に出し、小さなくしゃみをする。（以下同様）

2番

1 つるさんが　マスクした　1番の1と同じ。

2 ほそい　ほそい
ほそい　ほそい
マスクした（間奏）

両手で筒を作り、口元からだんだん伸ばす。間奏はそのままのポーズで止まる。

3 コンコンコンコン
クシャン

1番の3より大きいくしゃみをする。

3番

1 ぶうちゃんが　マスクした　1番の1と同じ。

2 まあるい　まあるい
まあるい　まあるい
マスクした（間奏）

親指と人さし指で丸を作る。間奏はそのままのポーズで止まる。

3 コンコンコンコン
クシャン

2番の3より大きいくしゃみをする。

4番

1 かばさんが　マスクした　1番の1と同じ。

2 おおきい　おおきい
おおきい　おおきい
マスクした（間奏）

「おおきい」で両腕で大きな丸を描く。4回繰り返し、だんだん大きくしていく。間奏はそのままのポーズで止まる。

3 コンコンコンコン
クシャン

3番の3より大きいくしゃみをする。

5番

1 ぞうさんが　マスクした　1番の1と同じ。

2 ながい　ながい
ながい　ながい
マスクした（間奏）

親指と人さし指を輪にして、だんだん伸ばす。間奏はそのままのポーズで止まる。

3 コンコンコンコン
クシャン

「クシャン」でいちばん大きなくしゃみをする。

この手あそび、ここが楽しい！

動物の特徴で楽しもう！

手あそびの歌ではありませんが、歌いながらマスクの形の振りが付いて歌われることが多いようです。動物の特徴とマスクの形を考えながら遊んでみましょう。

ポイント 1番の2「ちいさい」が4回繰り返されていますが、1回目より2回目…と、だんだんマスクの形を小さくしていきます。2「…マスクした」の後、出来上がった形を両隣にいる友達にしっかりと見せましょう。

アレンジ 1・2歳児は、保育者の膝の上に子どもを乗せ、後方から手を添えます。曲の前半は手拍子。1「…マスクした」で、両手を口の前で合わせ、3「コンコンコンコン　クシャン」で大きく広げます。この最後の部分だけでも楽しく遊べます。

冬　クリスマス　ゲーム

年齢の目安　0 1 2 3 4 5

かえらないで サンタさん

作詞・作曲・振付：阿部直美　編曲：平沼みゅう

この手あそび、ここが楽しい！

サンタさん、ここにいて！

もしサンタさんが来てくれたら？　もちろん、みんな帰さないよう大サービスしますよね。でもサンタさんは忙しいから帰らなくてはいけません。サンタさんを帰らせないようにつかまえる愉快なゲームです。

ポイント 1番の 5 「いやいや　わたしも　いそがしい」で、サンタは腰を浮かせますが、子どもはあわててサンタを引き戻し座らせます。この動きを素早く行なうのが遊びが盛り上がるポイントです。

アレンジ 2 「いかが？」でサンタの顔をのぞき込みます。「本当は帰したくない」という思いが相手に伝わるような表情や動作を工夫しましょう。親子のふれあいあそびとしても人気があります。

●子ども役（A）とサンタ役（B）が２人組になり、サンタは子どもの膝の上に座る。

1番

1 ながいたびでつかれたでしょ
かたをトントントン

子どもはサンタの肩をたたく。

2「いかが？」
「いいきもちじゃ」

子どもはサンタをのぞき込み、サンタは返事をする。

3 かえらないで
いつまでも
ここにいてください

1と同じ。

4「サンタさん」

子どもはサンタをのぞき込む。

5 いやいや　わたしも
いそがしい

サンタは手を振り腰を浮かせる。子どもは慌ててサンタを膝に座らせる。

2番

1 ながいたびで
つかれたでしょ
かたをモミモミモミ

子どもはサンタの肩をもむ。

2「いかが？」
「いいきもちじゃ」

1番の2と同じ。

3 かえらないで
いつまでも
ここにいてください

子どもはサンタの肩をもみ、「さい」でサンタはパッと立ち上がり、にげる。

4「かえらないで！」

子どもは叫びながらサンタを急いでつかまえる。

あらよっと! おおそうじ

作詞・作曲・振付：阿部直美　編曲：平沼みゅう

●2人組で向かい合って立つ。

1 そうじだ　そうじだ　うでまくり

右手、左手と腕をまくるしぐさをする。

2 ぞうきん　しぼって

両手をつないで、上下に2回振る。

3 ギュウ　あらよっと

両手をつないだまま、交差させる。

4 すみから　すみまで　ゴシゴシ

互いの体をゴシゴシこする。

5 てんじょうのうらの　すすはらい　あらよっと

互いに相手の頭のほこりを払うしぐさをする。

6 えんとつ　あなぼこ　キュッキュッキュッ

互いに相手の耳に指を入れて回すしぐさをする。

7 ことしの　ほこりは

2と同じ。

8 あらよっと　とんでいけ

両手をつないだまま上にあげ両者同じ方向に手の中をくぐり、1回転して元に戻る。

9「あけまして　おめでとうございます」

大きくお辞儀をする。

この手あそび、ここが楽しい!

相手の体を大掃除!

2人組になり、相手の体をそれぞれ家に見立てて、拭いたり掃いたりするふれあいあそびです。親子で遊んでも楽しいでしょう。

ポイント **8**「あらよっと　とんでいけ」は、両手をつないだまま、2人がアイコンタクトを取り、同じ方向に回転しないとうまくいきません。相手をよく見て、素早く回る方向を決めましょう。

アレンジ 年少児や親子で行なうときは、**8**「あらよっと　とんでいけ」を、それぞれが自分の周りを一回りするなど、動きやすい動作にアレンジしてみましょう。

正月　食べ物

年齢の目安 0 1 2 3 4 5

ハンカチもちつき

作詞・作曲・振付：阿部直美　編曲：平沼みゅう

●つき手（A）と合いの手（B）が２人組になり、向かい合う。ハンカチを手のひらサイズに畳む。

1番

1 ペッタンペッタン　おもちつき

A は左手の手のひらにハンカチをのせ、「ペッ」で右手でハンカチをたたき、「タン」で手を上げる。B は「ペッ」は見ていて、「タン」でハンカチを１回たたく。これを繰り返す。

2 ソレ

B は、A の手の上がっている間に素早くハンカチを裏返す。

3 てんじょのネズミも おもちつき　ソレ

1 2 と同じ。

2番

A と B を交替し、1番と同じ。

この手あそび、ここが楽しい！

リズムよく餅をつこう♪

２人組になり、畳んだハンカチを「餅」に見立て、リズムに合わせて餅をついたりひっくり返したりするあそびです。リズム感が身に付きます。

ポイント A は最後まで同じテンポで餅をたたき、「ペッ」「タン」のテンポを崩さないようにしましょう。B は A に手をたたかれないように餅をつきます。

アレンジ 慣れてきたら、テンポアップした「高速餅つき」にチャレンジしても楽しいでしょう。ハンカチがないときは、あるつもりで、A の手のひらをつきます。2「ソレ」のところで A の手のひらに、素早く丸を描くようにしてもよいでしょう。

こっちむいてあかおにどん

作詞・作曲・振付：阿部直美　編曲：平沼みゅう

●リーダ役（A）と鬼役（B）を決め、２人で向かい合う。

1番

1 かおは　こわいが おにはそと

両手の人さし指を立てて鬼のつのを作り、怖い顔をして、体を左右に軽く振る。

2 こころは　やさしい あかおにどん

やさしい顔をして、両手を胸の前で交差させ、手のひらで両肩を軽くたたく。

3 わらって あかおにどん

８回拍手する。

4 こっちむいて　「ホイ」

「こっちむいて」でリーダーは鬼役の正面に人さし指を出し、「ホイ」で、左右どちらかに素早く動かす。鬼役は、リーダーの指につられないように、素早く反対を向くようにする。これを繰り返して遊ぶ。

2番

リーダーと鬼の役を交替し、1番と同じ。

この手あそび、ここが楽しい！

「こっちむいてホイ」ゲーム

子どもたちの好きなゲーム「あっちむいてホイ」の節分バージョンです。4・5歳児に人気のある、やりにくさを楽しむあそびです。

ポイント **1**「かおはこわいが」は、思い切り怖い表情を作ります。**2**「こころはやさしい」は一転してにこやかな表情を作ってみましょう。この差が大きいほど、あそびが盛り上がります。

アレンジ 慣れるまでは、指さす方向を左・右だけにします。できるようになったら、さらに上・下を加えても楽しいでしょう。最後**4**「ホイ」を元気に言いましょう。

節分　生き物　数

年齢の目安　0 1 2 3 4 5

おにのパンツ

作詞：不詳　作曲：L.Denza　編曲：平沼みゅう

1 おにの

両手の人さし指を頭の上で立てる。

2 パン

「パン」と音をたてて拍手を1回する。

3 ツは

人さし指と中指を出す。

4 いい

両手の親指と人さし指を付けOKのしぐさをする。

5 パン

6 ツ

2 3と同じ。

7 つよいぞ　つよいぞ

両腕を体の横で曲げて上下に動かす。

8 トラの けがわで できている

横にしま模様を描くように両手を左右に動かす。

9 つよいぞ つよいぞ

7と同じ。

10 ごねん

片手を出し「5」を示す。

11 はいても

パンツをはくしぐさをする。

12 やぶれない

片手を立て、左右に振る。

13 つよいぞ つよいぞ

7と同じ。

14 じゅうねん

両手で「10」を示す。

15 はいても

16 やぶれない

17 つよいぞ　つよいぞ

11〜13を繰り返す。

18 はこう　はこう

11を2回行なう。

19 おにのパンツ

1〜3の動作をする。

20 はこう　はこう おにのパンツ

11を2回行なった後、1〜3の動作をする。

21 あなたも　わたしも あなたも　わたしも

人さし指で前をさし、自分をさす動きを繰り返す。

22 みんなで

両手で大きく円を描く。

23 はこう　おにのパンツ

11の後、1〜3の動作をする。

この手あそび、ここが楽しい！

軽快なリズムにのって

原曲はイタリア歌曲『フニクリ　フニクラ』。登山電車「フニコラーレ」のテーマソングとして作られ、日本では1975年ころから『おにのパンツ』として歌われるようになった曲です。

ポイント 1「おにーの」の「にー」を十分に伸ばし切らないで歌いがちなので注意しましょう。

アレンジ 手遊びの動作に足の動きを付けて、リズムダンスとして、運動会や発表会で使うこともできます。

ひな祭り　植物

年齢の目安 0 1 2 3 4 5

もものはな

作詞・作曲・振付：阿部直美　編曲：平沼みゅう

1番

1 はるのかぜが ふいてきて

両手を頭の上でゆらゆら揺らす。

2 ポッとひらいた

両手を胸の前で合わせ、少し丸く膨らませる。

3 もものはな

2 で膨らませた指を開く。

4 ひなまつりに

4回拍手する。

5 かざりま

2 と同じ。

6 しょう

3 と同じ。

2番

1番 と同じ。

この手あそび、ここが楽しい！

ひな祭りにゆったりと

3月3日のひな祭りは、別名「桃の節句」と呼ばれていますが、桃の花は魔除け効果をもつために飾るといわれています。乳児からできる、やさしい手あそびです。

ポイント 2「ポッとひらいた」で一度手を止めます。3「もものはな」でゆっくり、かわいらしく花が開く様子を表現しましょう。

アレンジ 0･1歳児は保育者の膝に乗せ、後方から手を添えて遊びます。やさしく、ゆったりとした動作をしましょう。

早春 植物

年齢の目安 0 1 2 3 4 5

つくしんぼ かくれんぼ

作詞・作曲・振付：阿部直美　編曲：平沼みゅう

1番

1 のはらのかくれんぼ

4回拍手する。

2 もういいかい

いないいないバアのように両手で顔を隠したあと手を開く。

3 つくしんぼ　かくれんぼ

両手をグーにして軽く握る。

4 みつけた

「みつけ」で右手、「た」で左手を開く。

2番

1番と同じ。

この手あそび、ここが楽しい！

指と似ているつくしんぼ

散歩に出た際に、本物のつくしんぼを見せて、形が人間の指に似ていることなどを話し合ってから遊びましょう。

ポイント 主に「手を握る」「手を開く」のしぐさだけで構成されている手あそびです。握るときはギュッとしっかり握る、開くときは指が1本ずつピンと伸びるように出すなど、しぐさを確認しながら行ないましょう。

アレンジ 最後に開いた指を、保育者が「いち、に、さん…」と指先を触りながら数え、「10本のつくしんぼ、みーつけた」と言ってあげましょう。

1 行事・生活の手あそび　ひな祭り　植物　早春　植物

早春　動物

年齢の目安 0 1 2 3 4 5

まきばのがっしょうだん

作詞・作曲・振付：阿部直美　編曲：平沼みゅう

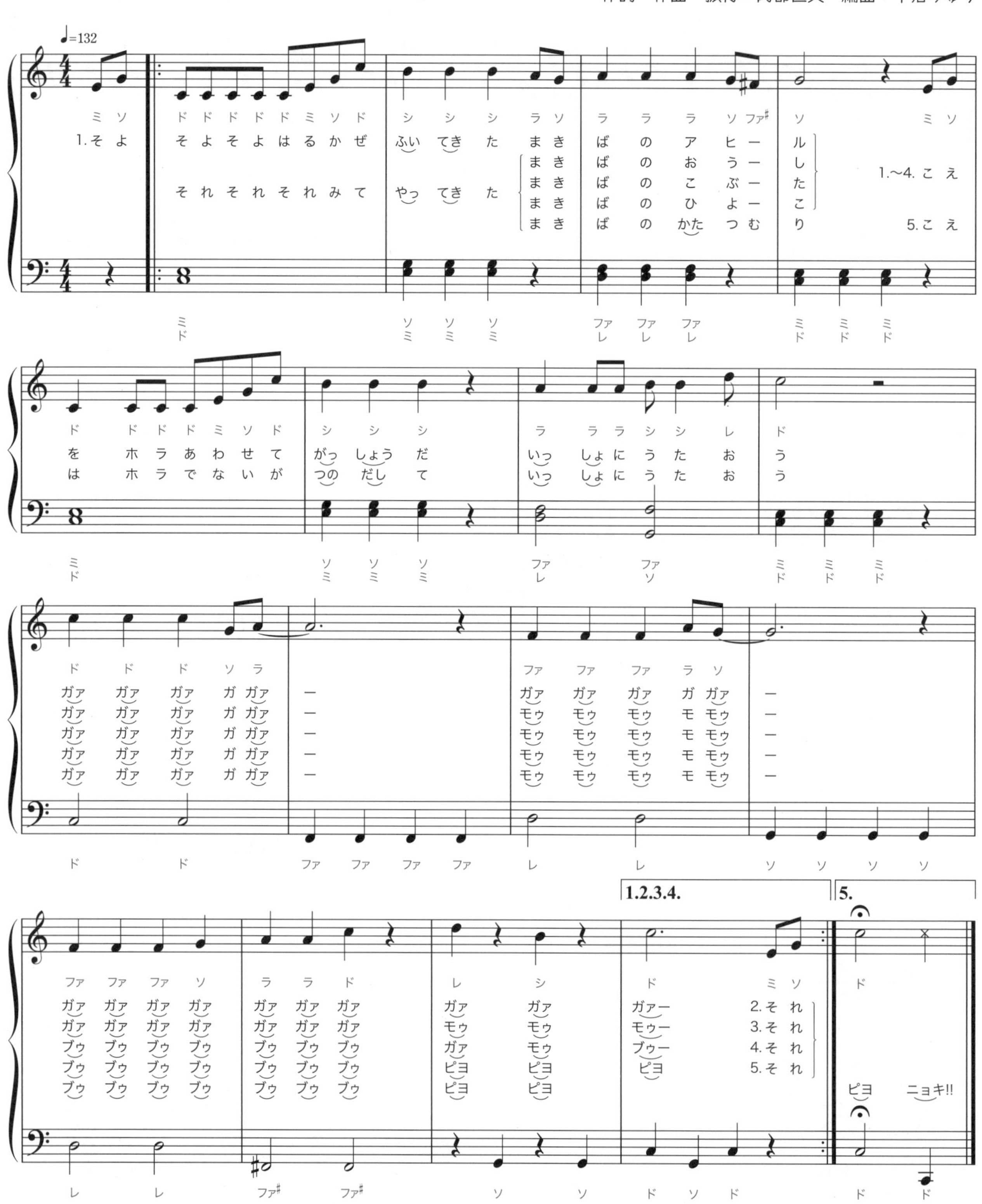

1番 ●（　）は歌のみで動作はしません。

1 （そよ）そよそよはるかぜ
ふいてきた

7回拍手する。

2 （まき）ばのアヒ

手を胸の前で組む。

3 ル

右手首と肘を曲げ、アヒルのポーズをし、手首を前後に動かす。

4 （こえ）を　ホラ
あわせて　がっしょうだ
いっしょにうたおう

1～3と同じ。

5 ガァガァガァ　ガガァ　ガァガァガァ　ガガァ
ガァガァガァガァガァガァガァ　ガァガァガァ

3のしぐさを自由な方向で行なう。

2番～5番は、1番に準じて、3 4 5の動物の動きを変える。

2番

3 おうし

人さし指でつのを作る。

3番

3 こぶた

鼻の前で輪を作る。

4番

3 ひよこ

手をはばたかせる。

5番

3 かたつむり

左手グーの下から右手のチョキを出す。

この手あそび、ここが楽しい！

カタツムリの声は？

牧場の動物達が歌っていると、「仲間に入れて」とやって来たのはカタツムリさん。もちろん入れてあげるのはいいですが…、ハテ、カタツムリさんはどんな声で歌うのかな？

ポイント 鳴き声が次々足されて積み重なっていく、「積み重ね歌」です。「ガァ」「モゥ」「ブゥ」といった鳴き声と動作を合わせるようにしましょう。2番の牛は「おうし」と歌います。5番 5 の最後「ニョキ!!」を、急がずはっきり見えるように行ないます。

アレンジ ペープサートを作って、動物達を次々に登場させると、より歌詞の内容が伝わります。カタツムリのツノが伸びて出る仕掛けを作っても楽しいでしょう。

早春　進級・卒園

年齢の目安　0 1 2 3 4 5

1年生おめでとう

作詞：佐倉智子　作曲：おざわたつゆき　編曲：平沼みゅう　振付：阿部直美

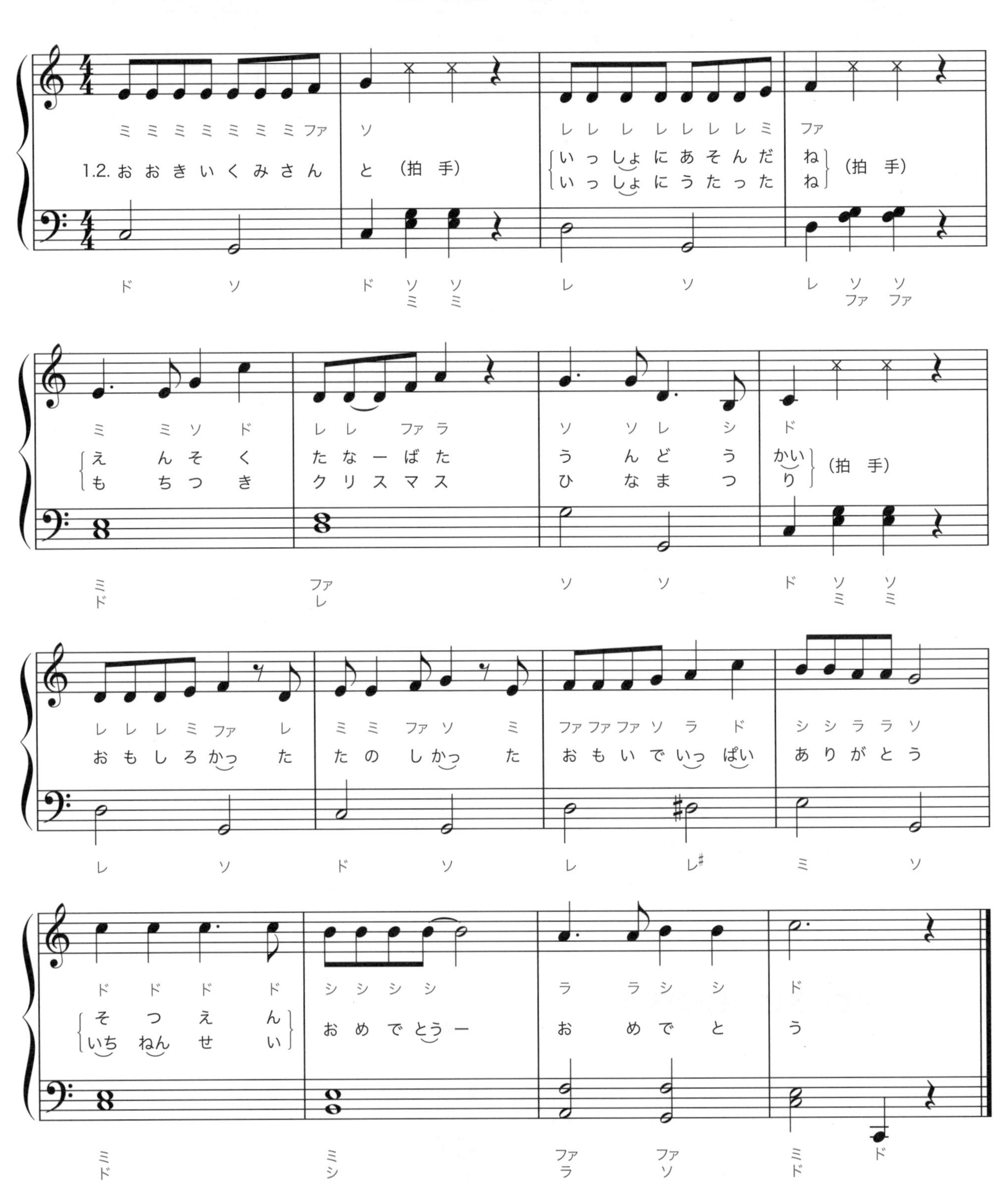

●卒園児を前にして、在園児が歌う。

1番

1 おおきいくみさんと

立って歌う。

2 （ᛏᛏ）

2回拍手する。

3 いっしょにあそんだね（ᛏᛏ）

1 2 と同じ。

4 えんそく　たなばた　うんどうかい（ᛏᛏ）

1 2 と同じ。

5 おもしろかった　たのしかった　おもいで　いっぱいありがとう

手をつなぎ前後に振りながら歌う。

6 そつえん

つないだ手を上げる。

7 おめでとう

手を下げる。

8 おめでと　6 と同じ。

9 う

上げたまま手を離し、手のひらをひらひら振る。

2番

1番 と同じ。最後に卒園児が「ありがとう」と答えてもよい。

この手あそび、ここが楽しい！

お別れ、卒園のお祝いに

在園児がお別れ会や卒園式のときに卒園児を祝って歌います。心を込めて、やさしく歌いましょう。

ポイント 2 の2回拍手するところでしっかり手をたたくと、リズムが取りやすくなります。最後の 8 9「おめでとう」は、息をたっぷり吸って、少しテンポを落として歌いあげると、ドラマチックになります。

アレンジ 1「おおきいくみさんと」は「さくらぐみさんと」などと、クラス名を折り込んで歌ってみましょう。同様に、「遠足、七夕…」などの行事名も自分の園の活動に合わせたものに変えてオリジナルな歌詞で歌ってもよいでしょう。

誕生日 食べ物 数 顔あそび 年齢の目安 0 1 2 3 4 5

おめでと ケーキ

作詞・作曲・振付：阿部直美　編曲：平沼みゅう

●保育者と子どもが向かい合う。

1番

1 いちごが　ふたつ

保育者は、両手の人さし指で、子どもの両目の周りに円を描く。

2 ローソクいっぽん

人さし指で、鼻をなで下ろす。

3 クリームたっぷり

両手で、右、左の順に、両頬を大きくつかむ。

4 おめでと　ケーキ

両頬を軽くたたく。

2番

1番に準じて、3の動きを変える。

3 クリームちょっぴり

両頬をちょっとつまむ。

この手あそび、ここが楽しい！

顔をケーキに見立てて

乳児の顔をケーキに見立てて触る顔あそびです。子どもが落ち着いて活動しているころを見計らって、やさしくふれあいます。

ポイント 3「クリームたっぷり」は、わざと大きく頬をつかむように見せ、実際はやさしくつかみます。こうした演出が子どもの心を開き、笑顔へとつながります。

アレンジ 4・5歳児は、ゲームで負けたときに行なう「バツゲーム」として、勝った人が負けた人の顔に触る…といったあそびにしてもよいでしょう。

たんじょうび

作詞：与田準一　作曲：酒田富治　編曲：平沼みゅう　振付：阿部直美

1番

1 たんたんたんたん たんじょうび

空中に円を描くように拍手する。

2 あたしのあたしの

両手を前に出し、軽く2回振る。

3 たんじょうび

両手を交差させ、両肩を2回たたく。

4 らん

自由な方向に手を出し、大きく1回拍手する。

2番

1番と同じ。

3番

1番と同じ。

この手あそび、ここが楽しい！

誕生会定番ソング

誕生会の定番ソングです。簡単な振りを付けるだけで、誕生会がより華やかになります。

ポイント 長く歌い継がれている曲なので、歌詞やメロディーが変わってしまったところがあります。2の歌詞は、正しくは「あたしの」ですが「わたしの」と歌われることがあります。最後の4「らん」を高い方の「ド」で終わらせることもありますが、正しくは「ソ」です。

アレンジ 輪の中心に誕生児を座らせ、みんなが取り囲んで座り、誕生児に向かって歌います。2に「○○ちゃんの　○○ちゃんの」と名前を折り込み、最後の4「らん」で、みんなが誕生児に向かって両手をヒラヒラ振ってみましょう。

年齢の目安 0 1 2 3 4 5

拍手をプレゼント

作詞・作曲・振付：阿部直美　編曲：平沼みゅう

●誕生月の子とみんなが向かい合う。

1番 保育者が「お誕生日のお友達に、みんなからの贈り物です」と言ってから始める。

1 おたんじょうび　おめでとう
すてきなはくしゅを　プレゼント

みんなでつないだ手を振る。

2 リボンをかけて
プレゼント

ゆっくり大きく、空中にリボンを描く。

3 パチパチパチ　パチパチパチ
パチパチパチ　パチパチパチ

リズムに合わせて、拍手する。

4 おめでとう

誕生月の子どもに向かって、両手でキラキラする。

2番

保育者が「大きなカブを抜いたおじいさんのお誕生日には、お鍋をプレゼント」と言ってから始め、1番に準じて3に「おなべ」の動きを加える。

拍手をし、「おなべ」で、両手で大きな輪を作る。

3番

保育者が「シンデレラさんのお誕生日には、時間がわかるように、腕時計をプレゼント」と言ってから始め、1番に準じて3に「うでどけい」の動きを加える。

拍手をし、「うでどけい」で、右手で左手首をつかむ。

4番

保育者が「浦島太郎さんのお誕生日には、釣りざおをプレゼント」と言ってから始め、1番に準じて3に「つりざお」の動きを加える。

拍手をし、「つりざお」で、両手で釣りざおを持つしぐさをする。

この手あそび、ここが楽しい！

誕生日、最高のプレゼント

誕生日を迎えた友達に、みんなですてきな拍手をプレゼントしましょう。1番だけでも楽しめますが、2番以降、贈り主のキャラクターを決めて、おもしろい物をプレゼントしてみましょう。

ポイント 2番に入る前には、「おじいさんには、お鍋をプレゼント」と誰に贈るかを話してから歌い始めましょう。
合いの手の「おなべ」は、タイミングよくコールすることが大切です。

アレンジ 2番～4番を参考にして、誰に何をあげたら喜ばれるかを考え、工夫して遊んでみましょう。

集会　動物　数

年齢の目安 0 1 2 3 4 5

はじまるよったら はじまるよ

作詞・作曲：不詳　編曲：平沼みゅう

●椅子に座る。

1番

1 はじまるよ　はじまるよ
はじまるよったら
はじまるよ

左右で3回ずつ拍手する。これを繰り返す。

2 いちといちで

片方ずつ人さし指を出す。

3 にんじゃさん「ニン」

人さし指を上下に組み、「ニン」と掛け声をかける。

2番～5番は、1番に準じて、歌詞に合わせて②③の動きを変える。

2番

2 にとにで　**3** かにさんだ「チョキーン」

片方ずつ2本の指を出す。

チョキの手を左右に振った後、切るしぐさ。

3番

2 さんとさんで　**3** ねこのひげ「ニャオーン」

片方ずつ3本の指を出す。

3本ずつの指を頬に付けた後、招き猫のしぐさをする。

4番

2 よんとよんで

片方ずつ4本の指を出す。

3 くらげさん「フワーン」

両手を合わせ、指先を下に向けてフワフワと動かす。

5番

2 ごとごで

片方ずつ5本の指を出す。

3 てはおひざ

両手を膝の上に置く。

この手あそび、ここが楽しい！

心をひとつに

集会だけでなく、絵本を読む前、紙芝居を見る前など、みんなの心をひとつにしたいときに使える手あそびです。

ポイント 作者不詳のため、全国でいろいろな替え歌が生まれています。「いちといちでオニのつの」など、いろいろな動きを工夫して遊んでみましょう。①「はじまるよ（𝄽）」の最後の4分休符も意識して歌うとめりはりが付きます。

アレンジ 「いち」「に」など、細かい指の動きが難しい2歳児は、「グーとグーで肩たたき」「パーとパーで拍手です」など、動作を簡単にして遊んでみましょう。

集会　ふれあい　体の部位

年齢の目安 0 1 2 3 4 5

さあ みんなで

作詞・作曲・振付：浅野ななみ　編曲：平沼みゅう

●椅子に座って、横一列に並ぶ。

1番

1 さあ　みんなが
みんなが　あつまった

曲に合わせて拍手する。

2 おとなりさんの
かたたたこう

右隣の子を指さしてから、「かたたたこう」で右隣の子の肩をたたく。

3 おとなりさんの
ひざたたこう

2 のポーズのまま左隣の子を指さしてから、「ひざたたこう」で左隣の子の膝をたたく。

4 いっしょにトントン
トントントン

右隣の子の肩と左隣の子の膝を一緒にたたく。

5 さあ　みんなが　みんなが　あつまった

1 と同じ。

2番

1番 に準じて、**3** の動きを変える。

3 おとなりさんの
みみつまもう

左隣の子の耳をつまむ。

3番

1番 に準じて、**3** の動きを変える。

3 おとなりさんの
はなつまもう

左隣の子の鼻をつまむ。

4番

1 さあ　みんなが
みんなが　あつまった

1番 の **1** と同じ。

2 じぶんの
ひざたたこう

両手で自分の膝をたたく。

3 おとなりさんの
ひざたたこう

右隣の子を指さして「ひざたたこう」で右隣の子の両膝を両手でたたく。

4 もひとつ　となりは
たたけません

さらに右隣の子をたたこうとし、「たたけません」で手を振り、できないというしぐさをする。

5 さあ　みんなが　みんなが　あつまった

1番 の **1** と同じ。

この手あそび、ここが楽しい！

やりにくさが楽しい！

集会のオープニング曲として広く知られている歌です。**4番** になると、できそうでできないしぐさが入ってきます。そのやりにくさを楽しみましょう。

ポイント **4番** **4** の最後「たたけません」は大きく手を伸ばしたが、やはりたたけなかった…という気持ちをがはっきりと伝わるように手を振ります。

アレンジ 横一列になって座るだけでなく、輪になって座ってやってみましょう。友達の動きや表情がよく見えるので、より楽しくなります。

集会　動物

年齢の目安 0 1 2 3 4 5

大きくトン 小さくトン

作詞・作曲・振付：阿部直美　編曲：平沼みゅう

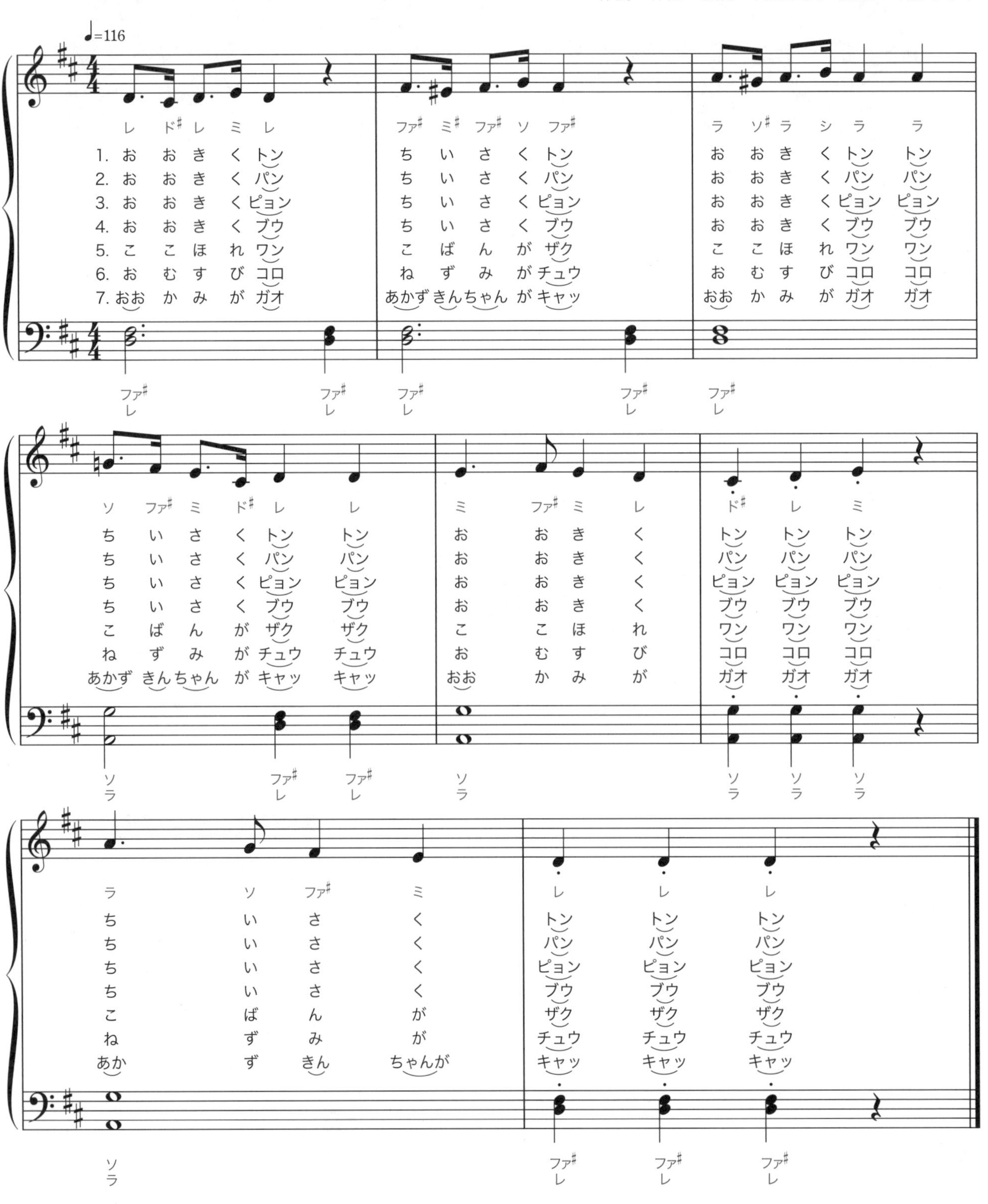

1番

1 おおきくトン

「トン」で大きく１回こぶし打ちをする。

2 ちいさくトン

小さく１回こぶし打ちする。

3 おおきくトントン　ちいさくトントン
おおきくトントントン　ちいさくトントントン

１ ２と同様に、大小のこぶし打ちを「トン」の数だけ打つ。

2番

1番に準じて、「パン」で拍手する。

3番

1番に準じて、「ピョン」で両手でウサギの耳を作る。

4番

1番に準じて、「ブウ」で鼻を人さし指で押し上げる。

5番

「ワン」で地面を指さし、「ザク」で手を下に伸ばしてから、すくい上げるように肘を曲げる。

6番

「コロ」でかいぐりをし、「チュウ」で両手で小さくネズミの耳を作る。

7番

「ガオ」でオオカミがかみつく表現を、「キャッ」で赤ずきんが驚く表現をする。

この手あそび、ここが楽しい！

みんなで一緒に！

両手のこぶしを「トン」と打ち合わせます。これを歌詞に合わせて「おおきく」「ちいさく」…と、強弱を付けます。多人数の集会でみんなが一緒に動作をすると場が盛り上がります。

ポイント 符点のリズムとスタッカートに注意して、リズミカルに歌いましょう。特に３小節目の４拍目「トン」の音程が下がらないように気を付けてください。

アレンジ 自分たちが発表する劇に合わせて、5番～7番の詞を参考に替え歌を作って遊んでみましょう。発表する出し物も盛り上がります。

かみしばいのうた

作詞：佐倉智子　作曲：おざわたつゆき　振付：阿部直美　編曲：平沼みゅう

●保育者が紙芝居を持ち、みんなの前に立つ。

1 おはなしでてこい　せんせいのてから
おはなしでてこい　かみしばい

全員で歌う。

2 はじまり（拍手）　はじまり（拍手）

「はじまり」と歌った後、3回拍手する。繰り返す。

3 パチパチパチパチパチパチパチ

歌に合わせ、7回拍手する。

この手あそび、ここが楽しい！

今から始まるワクワクを！

紙芝居や絵本の読み聞かせのオープニング曲です。子ども達だけで明るく元気に歌えるようになるとよいでしょう。

ポイント 拍手の音に強弱を付けてみましょう。2の拍手は小さく、3の拍手は大きく行なうとめりはりが付きます。子ども達が歌っている間、保育者は、紙芝居を体の後ろなどに隠しておくとよいでしょう。

アレンジ 歌詞の「かみしばい」を別な言葉に置き換えることもできますが、メロディーが少し変わるので注意しましょう（〈例〉参照）。

〈例〉

なぞなぞむし

作詞・作曲：不詳　編曲：平沼みゅう

不思議そうに

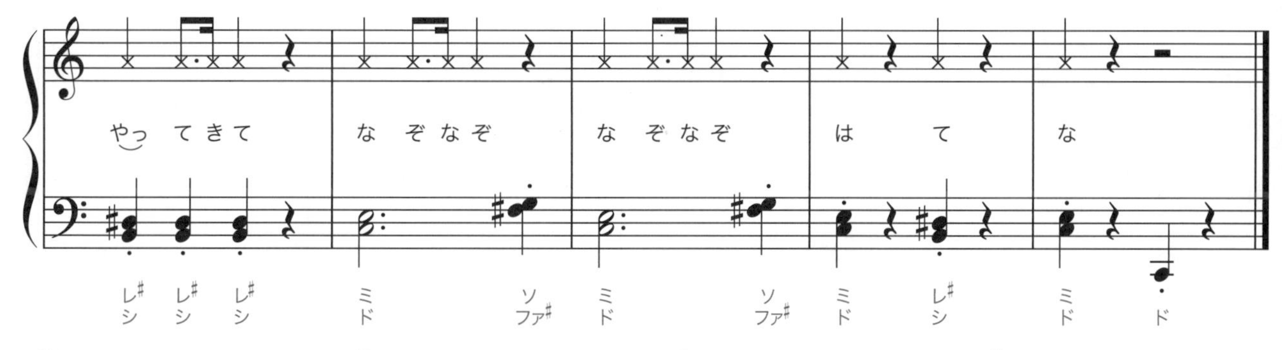

1 あっちから

両手を背中に隠す。

2 なぞなぞむしが やってきて

右手の人さし指を前に出し、曲げ伸ばししながら、胸の前まで進める。

3 こっちから

右手を胸の前においたまま歌う。

4 なぞなぞむしが やってきて

左手の人さし指で2と同じようにする。

5 なぞなぞ

右手の人さし指をおでこに付け、不思議そうなポーズをする。

6 なぞなぞ

左手の人さし指もおでこに付けて、5の動きをする。

7 はてな

両指を付けたまま首を右→左→右と振る。

この手あそび、ここが楽しい！

期待感が盛り上がる！

なぞなぞあそびの前に歌って、期待感を盛り上げる手あそびです。楽しいなぞなぞをたくさん出題しましょう。

ポイント 2 4「なぞなぞ」のリズムと、5 6「なぞなぞ」のリズムは異なっています。正しく歌い分けましょう。7「は（𝄽）て（𝄽）な」は4分休符を意識して、音を区切って歌いましょう。

アレンジ 1「あっち」を「あたまから」、3「こっち」を「せなかから」などに替えて、なぞなぞ虫が思いがけない所から出てくるなど、演じ方を工夫してみましょう。

絵画 生き物 散歩

年齢の目安 0 1 2 3 4 5

そらにかこう

作詞・作曲・振付：キンダーサークル　編曲：平沼みゅう

あそびのテンポで

1 そらに　かこう

右手で右の空を指さし、軽くリズムをとる。

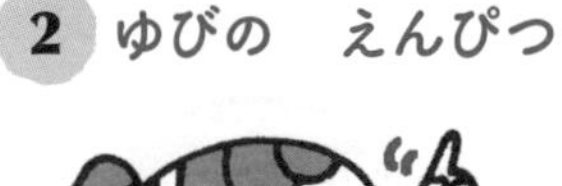

2 ゆびの　えんぴつで

左手で左の空を指さし、軽くリズムをとる。

3 ぐるぐる　うず

左手で渦巻きを描く。

4 まき

右手で渦巻きを描く。

5 かたつむり

両手で渦巻きを描く。

6 「ニョキ」

両手の人さし指で頭につのを作る。

この手あそび、ここが楽しい！

腕も動かして大きく！

散歩のときなどに指を鉛筆に見立てて、空中に大きな絵を描いてみましょう。描くときは腕を大きく動かし、描いた形が見ている人に分かるようにしましょう。

ポイント 3「ぐるぐる　うず」と 4「まき」は、同じ動作ですが、2・3歳児は、利き手の方が回しやすく、そうでない方の手がうまく回りません。初めはゆっくりやってみましょう。

アレンジ 1 2「そらに…えんぴつで」まで歌ったら、その後はハミングして、空中に絵を描き、何を描いたかをみんなで当てっこをしても楽しいでしょう。4・5歳児にぴったりの歌あそびクイズです。

チョキチョキ ペタッ

作詞：佐倉智子　作曲：おざわたつゆき　編曲：平沼みゅう　振付：阿部直美

1番

1 はさみでチョキチョキ

右手をチョキにして見せた後、切るしぐさをする。

2 のりで

左手でのりを付けるしぐさをする。

3 ペタッ

左手を体の好きなところへペタッと貼るしぐさをする。

2番

1 のりでペタペタ

1番の 2 3 を自由に繰り返す。

2 はさみでチョキ

1番の 1 と同じ。

この手あそび、ここが楽しい！

まねっこで切り貼り！

ハサミで切ったり、のりで貼ったりするしぐさをまねっこするあそびです。本当に切ったり貼ったりしているように、リアルなしぐさをすると楽しめます。

ポイント テンポを速くせず、ハサミの動作、のりの動作をゆっくり行ないます。２小節目の休符に付いている𝄐(フェルマータ)は、ここでハサミを自由に動かす表現を入れると臨場感がアップします。

アレンジ 親子で向かい合い、親が切るしぐさをして子どもに貼ったりしても楽しめます。貼る場所を、おでこやおなかなどに変えてもおもしろいでしょう。

遠足　乗り物

年齢の目安 0 1 2 3 4 5

ドアがひらきます

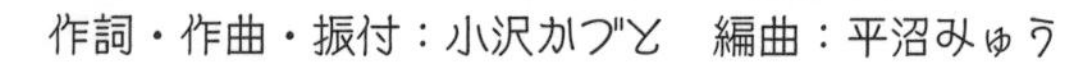
作詞・作曲・振付：小沢かづと　編曲：平沼みゅう

＊せりふの部分は自由な長さでよい。

1番

1 でんでんでん
でんしゃ　でんしゃ

両手をパーにして、体の横で回す。

2 シュッシュッ

両肘を交互に伸ばしたり縮めたりする。

3 ポッポッ

右手のひらを頭の後ろに出す。

4 えきについ

拍手する。

5 た

両手を合わせてドアにし、顔を隠す。

6「ドアがひらきます プシュー」

両手を離してドアを開ける。

7 ドアがしまります プシュー」

両手を付けてドアを閉じる。

2番

1番に準じて、6の動きを変える。

6「ドアがわらいます プシュー」

両手を離して笑う。

3番

1番に準じて、6 7の動きを変える。

6「ドアがおどろきます プシュー」

両手を離して驚いた顔をする。

7「ドアにはさまります プシュー」

両手を付けて顔を挟む。

4番

1番に準じて、6の動きを変える。

6「ドアがくしゃみします ハクション」

両手を離してくしゃみをする。

この手あそび、ここが楽しい!

ドアが開いて…表情遊び

「いないいないバア」のように顔を隠し、手を開いたときにいろいろな表情をするあそびです。

ポイント 歌詞の後に、「ドアがひらきます……」などのせりふを言います。駅員さんのアナウンスのような声をまねて言ってみましょう。

アレンジ 「ドアがあかんべします」「ドアがあくびします」など、いろいろなコールを考えて表情豊かに演じてみましょう。乳児は保育者の膝に座らせて向かい合ってしてみましょう。

バスにのって

作詞・作曲・振付：谷口國博　編曲：平沼みゅう

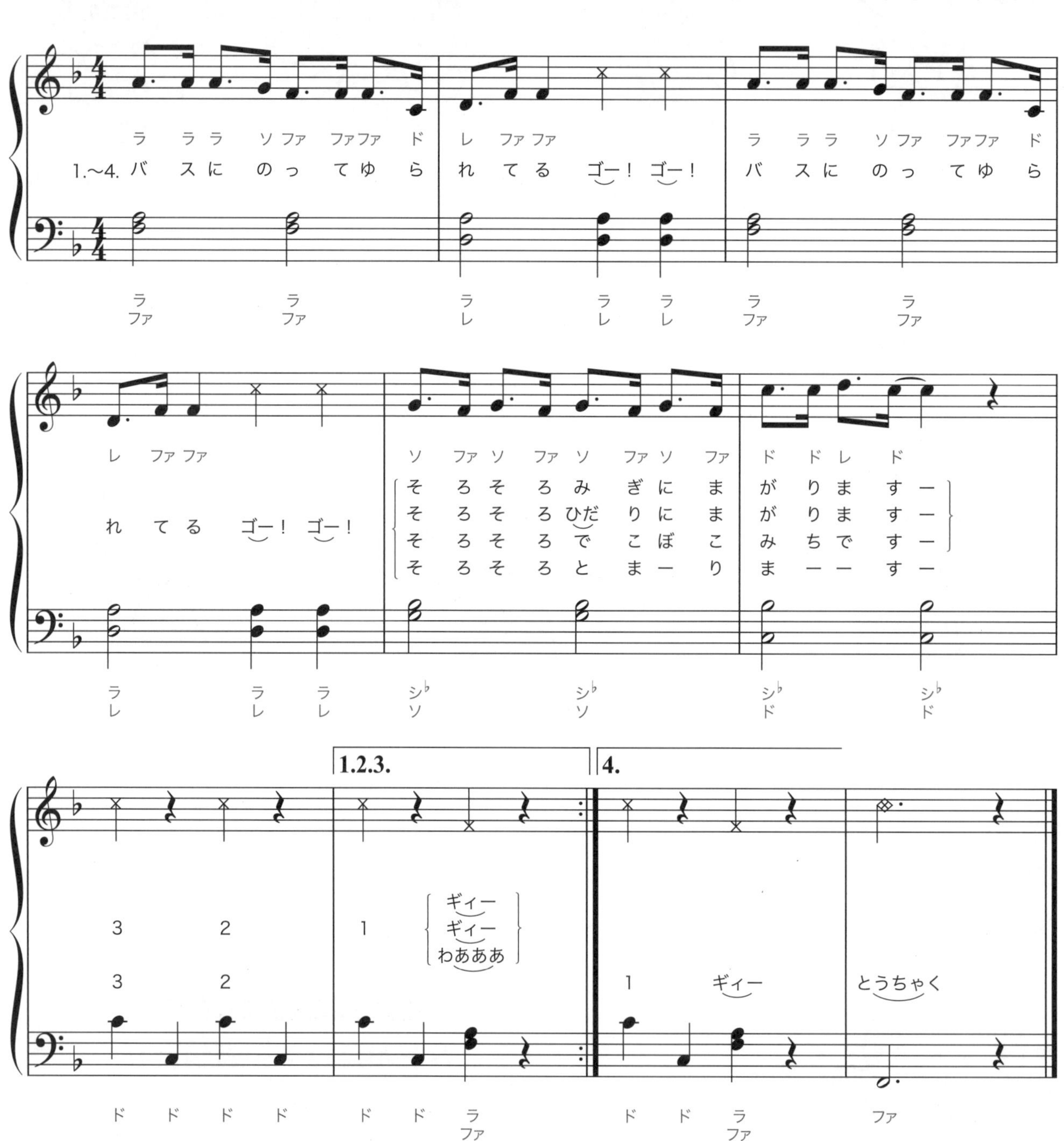

●椅子に座る。

1番

1 バスにのって ゆられてる

ハンドルを握るしぐさで体を揺らす。

2 ゴー！　ゴー！

片手のこぶしを２回高く上げる。

3 バスにのって ゆられてる

4 ゴー！　ゴー！

1 2 を繰り返す。

5 そろそろ　みぎに まがります

1 と同じ。

6 3　2　1

指を折っていって、カウントダウンをする。

7 ギィー

体を右に傾ける。

2番

1番 に準じて、7 の動きを変える。

7 ギィー

体を左に傾ける。

3番

1番 に準じて、7 の動きを変える。

7 わあああ

体を激しく揺らす。

4番

1番 に準じて、7 の動きを変える。

7 ギィー　とうちゃく

体を少し反らせて、ブレーキが掛かったようにする。

この手あそび、ここが楽しい！

さぁ、バスに乗って出発！

園バスや遠足バスなどに乗る前後にやってみたいあそび歌です。多人数で動作をすると、楽しさが増します。

ポイント 1番 は普通に、2番 は少し揺れて、3番 はさらに揺れ、4番 で揺れ方が最高潮に達する…など、変化を付けてしぐさをしてみましょう。

アレンジ 低年齢児は大人の膝の上に乗り、後方から手を添えて遊んでみましょう。「みぎ」「ひだり」に曲がるところは、子どもの体を抱きしめ、体ごと左右に大きく倒れるようにするとよいでしょう。

バスごっこ

作詞：香山美子　作曲：湯山　昭　編曲：平沼みゅう　振付：阿部直美

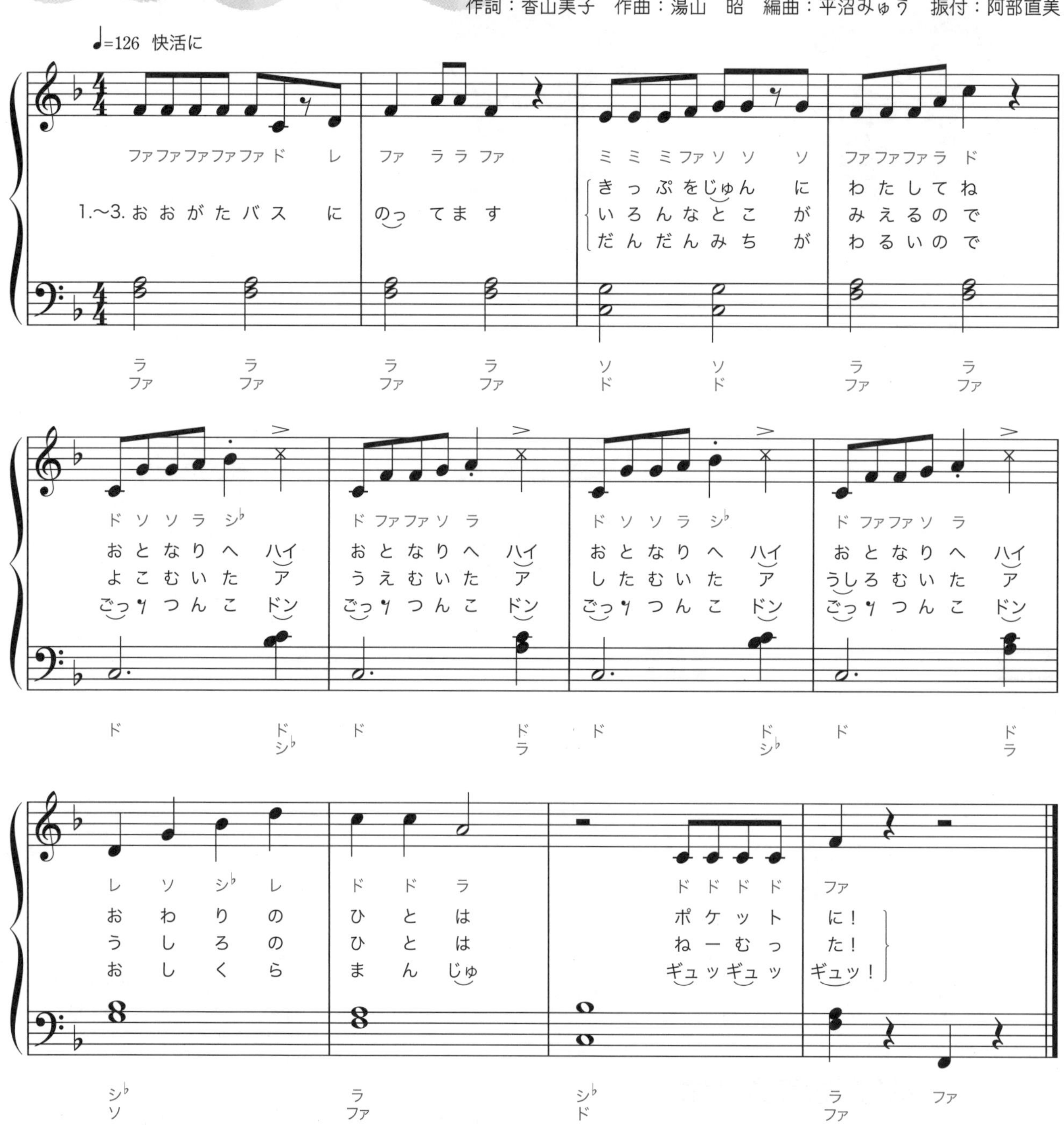

●椅子に座って、横一列に並ぶ。

1番

1 おおがたバスに のってます

両手でハンドルを握るしぐさをする。

2 きっぷをじゅんに わたしてね

8回拍手する。

3 おとなりへ　ハイ　おとなりへ　ハイ　おとなりへ　ハイ　おとなりへ　ハイ

両手で両膝を3回たたく。「ハイ」で隣の人の両膝を1回たたく。歌詞に合わせて繰り返す。

4 おわりのひとは

8回拍手をしてから、休符で首を縦に2回振る。

5 ポケットに！

ポケットにしまうしぐさをする。

2番

1番に準じて、3 5の動きを変える。

3 よこむいた　ア　うえむいた　ア　したむいた　ア　うしろむいた　ア

横、上、下、後ろは、それぞれの方向を向き、「ア」は両手を広げ、口を開けて驚くしぐさをする。

5 ねむった！

寝るしぐさをする。

3番

1番に準じて、3 5の動きを変える。

3 ごっつんこ　ドン　ごっつんこ　ドン　ごっつんこ　ドン　ごっつんこ　ドン

「ごっつんこ」で肘を曲げて体を左右に振り、「ドン」で隣の人とぶつかる。歌詞に合わせて繰り返す。

5 ギュッギュッギュッ！

隣の人と体を押し合う。

この手あそび、ここが楽しい！

隣の友達とふれあって

椅子をバスの座席に見立て、なるべく隣の人と席を詰めて座りましょう。

ポイント 1番～3番の3「ハイ」「ア」「ドン」の合いの手は、表情を毎回変えて行ないます。

アレンジ 低年齢児は、大人が椅子に座り、子どもを膝の上に乗せます。包装紙を輪にしてバスのハンドルを作り、子どもと一緒に持って左右に動かしながら歌ってもよいでしょう。

ゲーム

年齢の目安 0 1 2 3 4 5

うちゅうじんと おはなし

作詞・作曲・振付：阿部直美　編曲：平沼みゅう

●２人組になって立つ。

1 そらには　ほしが
たくさん　あるけど
わたし

右手の人さし指で、上方向を自由にあちこち指さす。

2 ちきゅうの　みなさんと
はなしたかったのです

1を、左手の人さし指で行なう。

3 わたしたちは　うちゅうじん
わかりますか

胸の前で両手をパーにして外に向けたまま、内→外→内→外と動かす。これを繰り返す。

4 テレパシー

相手と右手の人さし指の先を合わせる。

5 あなたたちは
ちきゅうじん
かんじますか

6 テレパシー

3 **4** と同じ。

7 ことばは　いらない

右手、左手の順に斜め上に手を開く。

8 こころと　こころ

両手を胸の前で交差させる。

9 パチッ

両手のひらを上向きにするか、下向きにするかを、互いに心の中で決めて同時に出す。

この手あそび、ここが楽しい！

宇宙人とテレパシー！

宇宙人がやってきたら、心を通わせることができるかな？　２人組で、素早く手を合わせるリズムゲームです。

ポイント **1** **2** の♩のところは、ロボットの声のような音色で、音をひとつずつ区切って歌います。**9**「パチッ」は、一人が両手を下向きに出したら、もう一人は同時に上向きにして、手のひらを合わせます。うまく合わせられたら心が通じ合ったことになります。

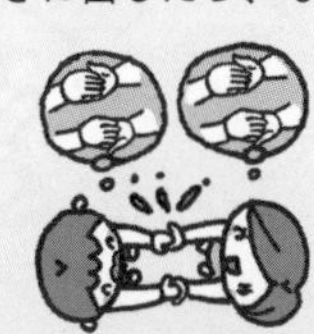

アレンジ 親子参観の際に親子のペアでやってみましょう。**7**「ことばは　いらない」の部分は、しぐさも歌声も大きくミュージカルのような雰囲気で行なうと、あそびの楽しさが倍増します。

グーチョキパーでなにつくろう

作詞：不詳　外国曲　編曲：平沼みゅう

1番

1 グーチョキパーで
グーチョキパーで

歌に合わせて、両手でグーチョキパーを出す。

2 なにつくろう　なにつくろう

両手をパーにして、左右に揺らす。

3 みぎてがチョキで

右手でチョキを出す。

4 ひだりてもチョキで

左手もチョキを出す。

5 かにさん　かにさん

指先を開いたり閉じたりしながら顔の前で揺らす。

2番

1番に準じて、3以降の動きを変える。

3 みぎてがパーで

右手でパーを出す。

4 ひだりてもパーで

左手もパーを出す。

5 ちょうちょう　ちょうちょう

親指と親指を重ねて、ヒラヒラさせる。

3番

1番に準じて、3以降の動きを変える。

3 みぎてがチョキで

右手でチョキを出す。

4 ひだりてがグーで

左手でグーを出す。

5 かたつむり　かたつむり

チョキをした右手の甲に左手のグーを乗せる。

この手あそび、ここが楽しい！

何ができるかな？

原曲はフランス民謡の『フレールジャック』です。メロディーが覚えやすく、日本ではこの曲の替え歌がたくさん作られていますが、その代表とも言えるのがこの手あそびです。

ポイント グー・チョキ・パーの手の形を組み合わせたら、どんな物ができるのかが楽しい手あそびです。他にも何ができるのかをみんなで話し合って、替え歌を作ってみましょう。【例：グーの上にグーを乗せて雪だるま　グーの上に横にしたチョキを乗せてドライヤー　など】

アレンジ 手あそびの動作を立ってやってみましょう。その場合、1は足踏みと拍手８回、2はその場跳びを４回します。チョキが出せるようになる２歳児後半に、動きをつけてやってみましょう。発表会の出し物にぴったり！

じゃんけん　動物

年齢の目安 0 1 2 3 4 5

げんこつ山のたぬきさん

わらべうた　編曲：平沼みゅう

●２人組になり、向かい合う。

1 げんこつやまの たぬきさん

握りこぶしをつくり、交互に重ねる。

2 おっぱいのんで

口元でおっぱいを飲むしぐさをする。

3 ねんねして

両手を合わせ、左右の頬に順番に当てる。

4 だっこして

赤ちゃんを抱っこするしぐさをする。

5 おんぶして

おんぶするしぐさをする。

6 またあし

かいぐりをする。

7 た

じゃんけんをする。

この手あそび、ここが楽しい！

乳児も楽しいじゃんけん歌

乳児から幼児まで幅広く遊ばれている作品です。曲の最後に、元気にじゃんけんの手を出せるかな？

ポイント　1「げんこつやまのたぬきさん」のこぶし打ちは、1拍ずつ、上でたたく手を交互に変えます。少し複雑な打ち方ですが、２歳児になるとできるようになります。

アレンジ　6 7「またあした」の「た」でじゃんけんの手を出しますが、1・2歳児は勝敗ではなく、グーかパーを、タイミング良く出せることを優先して楽しみましょう。

じゃがいも 芽だした

わらべうた　編曲：平沼みゅう

●2人組になり、向かい合う。

1 じゃがいも

右手をグーにして左胸に付け、左腕を組む。

2 めだした

右手の親指を立てる。

3 はなさきゃ

右手をパーに開く。

4 ひらいた

右手のひらを外に向ける。

5 はさみで

右手をチョキにし、指を立てる。

6 ちょんぎるぞ

右手のチョキを外に向ける。

7 エッサッサの

かいぐりをする。

8 サッ

じゃんけんをする。

この手あそび、ここが楽しい！

手がジャガイモに？！

グー・チョキ・パーの形を、ジャガイモに見立てたじゃんけん手あそびです。

ポイント 7「エッサッサの」は、胸の前で、できるだけ素早く何回もかいぐりをすると、じゃんけんに勢いがつきます。

アレンジ 4・5歳児は、じゃんけんで負けた人が馬跳びの馬になり、勝った人は馬跳びをするなどのルールを決めて遊ぶのもよいでしょう。

じゃんけん　夏　栽培　植物　年齢の目安 0 1 2 3 4 5

アサガオ・コリャコリャ

作詞・作曲・振付：阿部直美　編曲：平沼みゅう

●2人組になり、向かい合う。

1 アサガオ　めがでりゃ

2回手をたたいた後、拝むように手のひらを合わせる。

2 コリャコリャ　ふたば

両手のひらを上に向けて双葉のように開く。

3 つるがのびて　コリャコリャ

つるが伸びるように回しながら上げる。

4 つぼみ

両手でつぼみの形を作る。

5 あさがきたら　ひらいて

4のポーズのまま、ゆっくり上下に両手を開く。

6 よるがきたら　しぼんで

4のポーズのまま、ゆっくり両手を握る。

7 たねができたら
コリャコリャ　ジャンケン

握った両手を自由に何回もこすり合わせる。

8 ポン

じゃんけんをする。

9「アサガオのおしばな」

勝った人は、負けた人の鼻を両手の人さし指で挟み、「ア・サ・ガ・オ・の・お・し・ば・な」と、言葉を区切って言いながら、左右から押す。

この手あそび、ここが楽しい！

愉快な押し花（鼻）！

アサガオの開花する様子を両手で表現した後、じゃんけんをして負けた人は、「押し鼻？！」になるおまけ付き！　子どもから大人まで楽しめます。

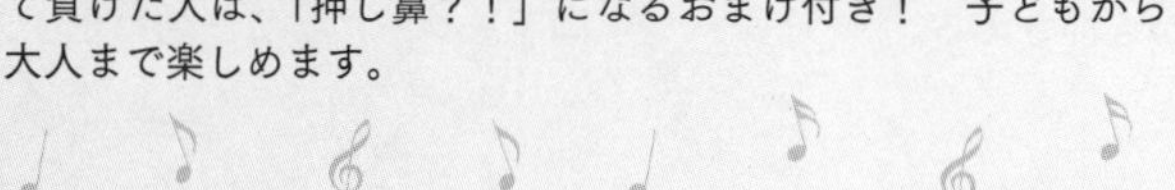

ポイント　1～4「アサガオ…コリャコリャ…つぼみ」までは、1拍目と2拍目にアクセントを付けるような感じで元気に歌います。5 6「あさがきたら…しぼんで」は、一転してレガートで優美に歌い、7 8「たねが…ポン」は、また元気に歌います。この「元気」と「優美」の差を出すと、あそびが生き生きしたものになります。

アレンジ　3歳児には、最後の9「おしばな」を、鼻を押さえるのではなく、子どもを徐々にギューッと抱きしめてもよいでしょう。

じゃんけん　秋　冬　食べ物　年齢の目安 0 1 2 3 4 5

やきいもグーチーパー

作詞：阪田寛夫　作曲：山本直純　編曲：平沼みゅう　振付：阿部直美

1 やきいも　やきいも

4回拍手する。

2 おなかが

両手でおなかを押さえる。

3 グー

両手をグーにして、前に出す。

4 ほかほかほかほか

4回拍手する。

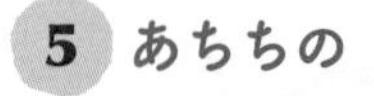

5 あちちの

両手の指を下に向けて小刻みに振る。

6 チー

両手をチョキにして、前に出す。

7 たべたら　なくなる

4回拍手する。

8 なんにも

両手を顔の前で左右に振る。

9 パー

両手をパーにして、前に出す。

10 それ

9 のポーズのまま歌う。

11 やきいも　まとめて

両手を交差させ大きく回す。

12 グーチーパー

3、6、9 と同じ。

この手あそび、ここが楽しい！

焼きイモじゃんけんで！

焼きイモが焼ける情景を、グー・チョキ・パーの手の形で表現してみましょう。地域によっては、「チョキ」を「チー」と表すことがあることを子ども達に知らせておきましょう。

ポイント 2「おなかが」5「あちちの」8「なんにも」の部分を、大きなしぐさにするなど、自由に動きを工夫してみましょう。

アレンジ 慣れてきたら、立って、足で「グー・チョキ・パー」を出して遊んでも楽しいでしょう。

きつねのおはなし

作詞・振付：まど・みちお　作曲：渡辺　茂　編曲：平沼みゅう

1番

1 こっちから

左手の人さし指で、右の方を指さす。

2 きつねが

右手でキツネを作り、キツネの口を左に向けて前に出す。

3 でてきたよ

キツネを３回上下に動かす。

4 みみうごかすよ ぴくぴくぴく

キツネの耳を７回動かす。

5 あっちで

右手はキツネのまま、左手の人さし指で、左の方を指さす。

6 ともだち よんでるよ

左手の人さし指を5回上下に動かす。

7 どんどんどんどん かけてった

左手を下ろし、右手のキツネを左へ進める。

2番

1番に準じて、を左右の手を変えて行なう。

3番

1 りょうほうから

両手でキツネを作る。

2 きつねが であったよ

体の前で向かい合わせる。

3 くちうごかすよ ぺらぺらぺら

両手のキツネの口を7回開閉させる。

4 おにごっこ しようよ

向かい合った両方のキツネを2回お辞儀させる。

5 じゃんけん

両手をグーにし、2回上下に振る。

6 ぽん

右手と左手でじゃんけんする。

7 らんらんらん らん

両手でキツネを作り、勝ったほうが負けたほうを追いかける。

8 あっはっは

キツネを向かい合わせ、口を開閉して笑う動作をする。

この手あそび、ここが楽しい！

キツネさんでお話

中指と薬指を親指に付けると、耳がピンと立ったキツネの形になります。上手に耳や口を動かして、お話をしているキツネの様子を表現してみましょう。まど・みちお自身が振り付けした手あそびです。

ポイント 3番 5 6「じゃんけんぽん」は、右手と左で異なるジャンケンの手の形を瞬時に出します。タイミング良く出せるように、この部分を繰り返し練習してから遊んでみましょう。特に、チョキとグー、チョキとパーの組み合せにチャレンジしてみましょう。

アレンジ 物語性のある歌なので、2匹のキツネがどんなふうに遊んだかを、ペープサートで見せても楽しいでしょう。

じゃんけん　植物

年齢の目安 0 1 2 3 4 5

お寺のおしょうさん

わらべうた　編曲：平沼みゅう

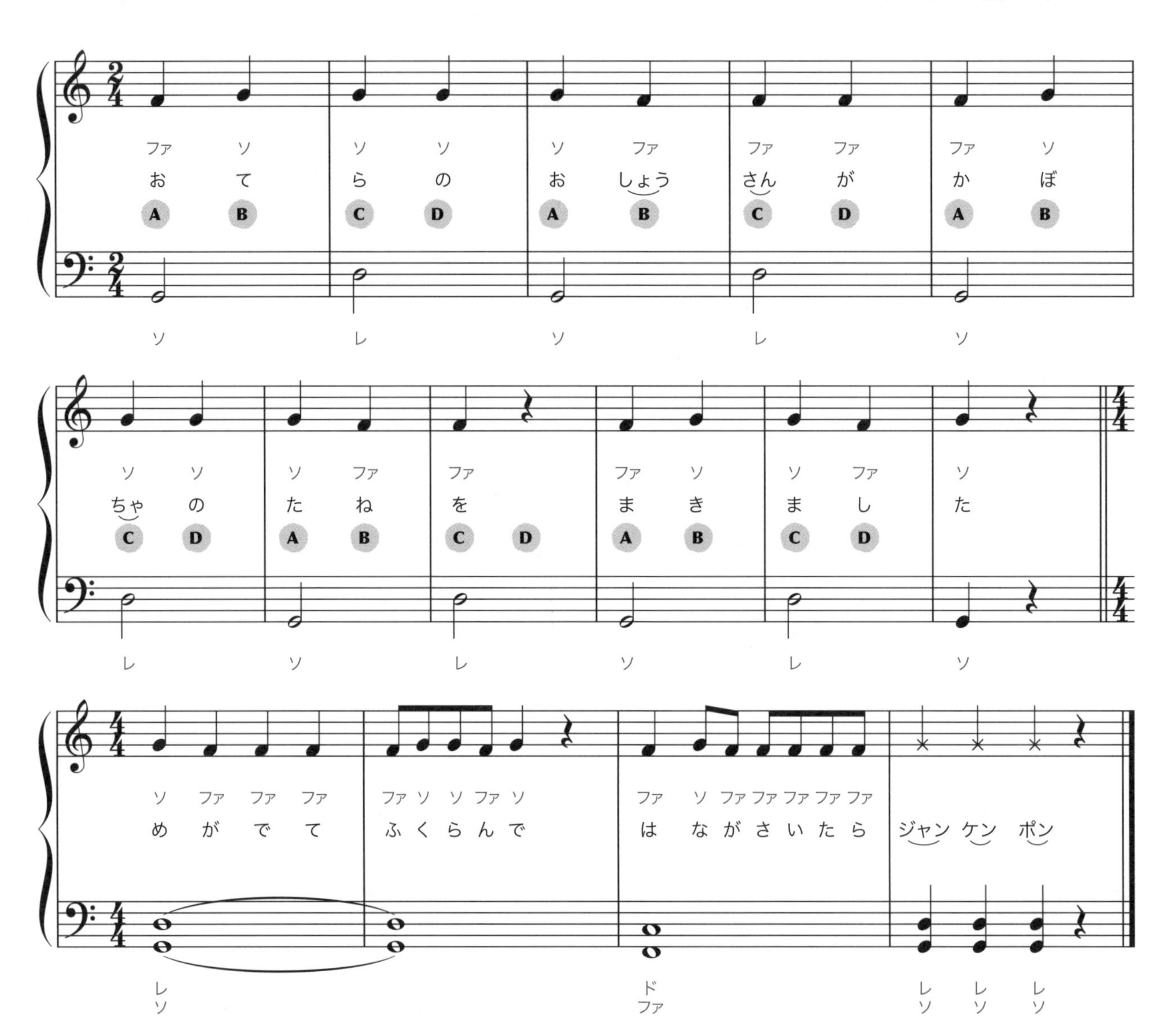

この手あそび、ここが楽しい！

楽しい手合わせ歌！

別名『かぼちゃのたね』のタイトルでも広く知られているわらべうた。手合わせあそびの代表作です。

ポイント 曲の前半 1 ～ 6 は「手合わせ」をします。「手合わせ」には大きく分けて、拍手を１回し、次に手首を立てて片方の手のひらを相手に合わせるものと、手のひらを上に向けたまま自分で１回たたき、次に相手の片手のひらをたたく「平手合わせ」があります。慣れるまでは平手合わせで行なうとよいでしょう。

アレンジ じゃんけんで勝った人は負けた人をカボチャに見立て「みごとなカボチャじゃ」と頭をなでます。あいこのときは、互いになで合うなどのルールを作って遊んでみましょう。

●2人組になり、向かい合う。

1-A お

1回拍手する。

1-B て

互いの右手のひらを打ち合わせる。

1-C ら

1回拍手する。

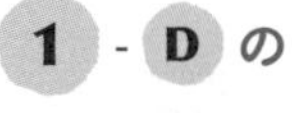

1-D の

互いの左手のひらを打ち合わせる。

2 おしょうさんが

3 かぼちゃの

4 たねを（𝄽）

5 まきまし

1のA～Dを4回繰り返す。

6 た

互いの両手のひらを打ち合わせる。

7 めがでて

自分の両手を合わせる。

8 ふくらんで

両手を膨らませる。

9 はながさいたら

指先を離す。

10 ジャンケン

かいぐりをする。

11 ポン

じゃんけんをする。

じゃんけん　動物

年齢の目安 0 1 2 3 4 5

ずっとあいこ

作詞・作曲・振付：阿部直美　編曲：平沼みゅう

1番

1 かにさんと　かにさんが

両手をチョキにして、左右に振る。

2 ジャンケンしたら

3回拍手する。

3 チョキチョキチョキチョキ チョキチョキチョキチョキ

チョキの形の手を右、左、右、左…と交互に前に出す。

4 ずっとあいこ

チョキの両手を揃えて前に出し、「あいこ」で3回拍手する。

2番

1番の動きをグーの手でする。

3番

1番の動きをパーの手でする。

この手あそび、ここが楽しい！

1人でも2人でも楽しい

2人で向かい合うと、より楽しくなります。

ポイント 4「ずっと」は、なるべく胸の近くから前方へ、大きく、長く手を伸ばします。

アレンジ 「ハサミさんとハサミさんがじゃんけんしたらどうなるかな？」など、歌詞を工夫してみましょう。

おべんとう

作詞：天野　蝶　作曲：一宮道子　編曲：平沼みゅう　振付：阿部直美

●椅子に座る。

1 おべんとおべんと うれしいな

8回拍手する。

2 おてても きれいに なりました

両手を左右に振る。

3 みんな　そろって

両手を膝に置く。

4 ごあいさつ

お辞儀をする。

この手あそび、ここが楽しい！

食事前の定番手あそび曲に

食事の前に歌ううたですが、保育現場でしぜんに動作が付き、振りを付けて歌われることが多くなった曲です。

ポイント　1の1拍目の「おべ」は付点音符、2拍目の「んと」は8分音符です。この符点と8分音符の繰り返しで構成されている曲ですが、全て付点音符で跳ねるように歌われがちです。ピアノを弾くときはリズムに注意しましょう。

アレンジ　4「ごあいさつ」の後には、「いただきます」と言ってから食事を始めます。

いただきます

作詞・作曲・振付：阿部直美　編曲：平沼みゅう

1番

1 おべんとばこ　あけたら

両手を合わせて前方に伸ばし、「あけたら」で片手を上げる。

2 さんかく　おむすび

両手を頭の上で三角に組む。

3 こんにちは

2 のまま、1回お辞儀をする。

4 なんでも　たべるこ

4回拍手する。

5 げんき

右手を前に出す。

6 げんき

左手も前に出す。

7 げん

右手を上げる。

8 きだ

左手も上げる。

9 よ

両手を下ろし、「力こぶのポーズ」をする。

2番

1番に準じて、**2**の動きを変える。

2 まんまる　たまごが

両手で頭の上に輪を作る。

3番

1番に準じて、**2**の動きを変える。

2 しかくい　はんぺん

両手の親指と人さし指で四角を作る。

4番

1番に準じて、**2**の動きを変える。

2 あなあき　れんこん

両手の親指と人さし指で、それぞれ輪を作る。

5番

1番に準じて、**2**の動きを変える。

2 まっかな　にんじん

両手を頬のところで開く。

10「いただきます」

お辞儀をする。

この手あそび、ここが楽しい！

元気に「いただきます」

『おべんとばこあけたら』というタイトルで流布している曲ですが、原題は『いただきます』です。曲の最後にその言葉を言います。

ポイント 丸、三角、四角など、指で食べ物の形を表現してみましょう。繰り返し出てくる「げんき　げんき」は、少し勢いをつけながら手をしっかり前に伸ばすのが、元気に見えるコツです。

アレンジ 「ぞうさんの大きなお弁当だったら、どんな三角おむすびが入っているかな」など、大・小の変化をつけて表現してみましょう。

おべんとうはたのしいな

作詞・作曲・振付：阿部直美　編曲：平沼みゅう

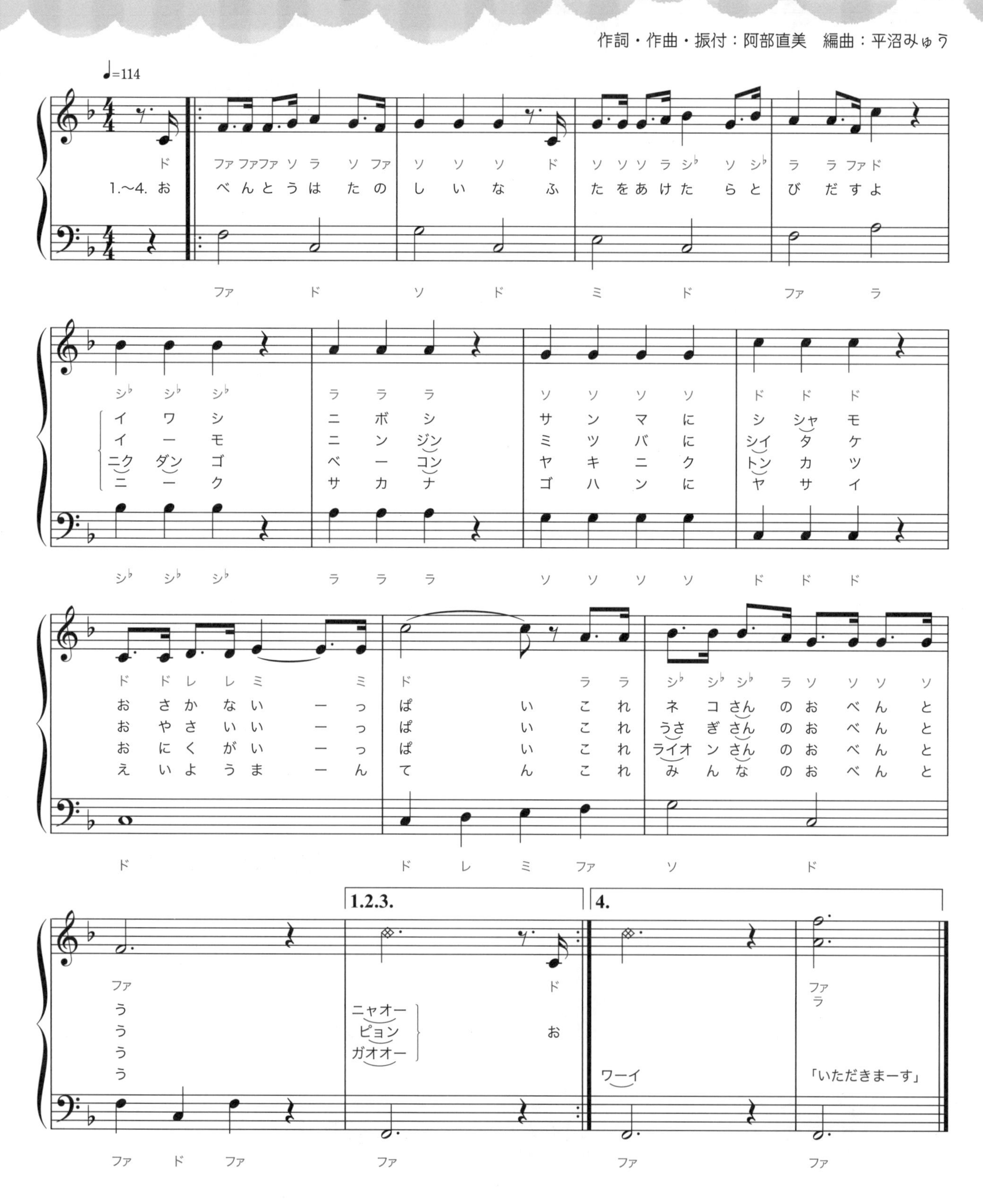

1番

1 **おべんとうは たのしいな**

両手をグーにして胸の前で交差させ、左右に肘を開く。これを繰り返す。

2 **ふたをあけたら とびだすよ**

「ふた」で、左の手のひらを右手で軽くたたく。「あけたら」で右手をあげ、お弁当箱をのぞき込むしぐさをする。これを繰り返す。

3 **イワシ　ニボシ　サンマに シシャモ**

「イワシ」は右手で 1、「ニボシ」は左手で 2。「サンマ」は右手で 3、「シシャモ」は左手で 4 を出す。

4 **おさかないっぱい**

両手をヒラヒラと振りながら回す。

5 **これネコさんの おべんとう**

2 と同じ。

6 **ニャオー**

両手で「ネコの耳」を作る。

2番

1番 に準じて、出てくる動物に合わせて 3 6 の動きを変える。

3 **イモ ニンジン ミツバに シイタケ**

1番 3 と同じ。

6 **ピョン**

両手を上げて、「ウサギの耳」を作る。

3番

1番 に準じて、出てくる食べ物や動物に合わせて 3 6 の動きを変える。

3 **ニクダンゴ　ベーコン　ヤキニク　トンカツ**

「ニクダンゴ」は右手で 2 を出す。「ベーコン」はアッカンベーをした後、手をグーにして、自分の頭をコツンと軽くたたく。「ヤキニク」は両手で 8、「トンカツ」は両手で 10 を出す。

6 **ガオオー**

ライオンを表現する。

4番

1番 に準じて、出てくる食べ物や動物に合わせて 3 6 の動きを変える。

3 **ニク　サカナ　ゴハンに　ヤサイ**

「ニク」は右手で 2、「サカナ」は左手で 3、「ゴハン」は右手で 5、「ヤサイ」は両手で 8 を出す。

6 **ワーイ 「いただきまーす」**

「ワーイ」で両手を上げ、「いただきまーす」でお辞儀をする。

この手あそび、ここが楽しい！

おかずを数字に当てはめて

お弁当の中から飛び出してくるおかずを「1・2・3…」の数字に当てはめた手あそびです。

ポイント 4 「○○いっぱい」の後、ちょっと区切って、「さあ、これはだれのお弁当かな？」と子ども達に問い掛けて答えを引き出してから、5 「これ○○さんのおべんとう」と歌うとよいでしょう。

アレンジ 出てくる食べ物がよくわかるように絵を描き、ペープサートやパネルシアターなどにして見せるとよいでしょう。

食事　数

年齢の目安 0 1 2 3 4 5

おべんとばこのうた

わらべうた　編曲：平沼みゅう

1 これくらいの おべんとばこに

両手の人さし指で、四角形（お弁当箱）を２回描く。

2 おにぎり　おにぎり

両手を合わせて、おにぎりを握るしぐさをする。

3 ちょっとつめて

お弁当におにぎりを詰める。

4 きざみしょうがに

片手をまな板、もう一方の手を包丁に見立てて刻む。

5 ごましおふって

「ごましお」で両手を後ろに隠し、「ふって」で両手を前に出して振る。

6 にんじんさん

「にんじん」で右手の指２本、「さん」で左手の指３本を出す。

7 ごぼうさん

「ごぼう」で右手の指５本、「さん」で左手の指３本を出す。

8 あなのあいた れんこんさん

両手の親指と人さし指で穴を作り、目を囲んでくりくりと動かす。

9 すじのとおった

左腕の手首から肘にかけて、右手の指で筋を描く。

10 ふ

左手のひらに、「ふーっ」と息を吹きかける。

11 き

左手のひらを右手でたたき、パチンと大きな音を立てる。

この手あそび、ここが楽しい！

「さくらんぼ」「しいたけ」も

よく知られているわらべうたで、「さくらんぼ」「しいたけ」などを入れて歌われることもあります。

ポイント **1** 「これくらい…」の「こ」は、弱起といって、小節の途中から表記されています。「こ」よりも「れく」にアクセントを付けます。

アレンジ 「なすびさん（7と3）」「きゅうりさん（9と3）」など、他の食べ物でも歌ってみましょう。

1 行事・生活の手あそび　清潔　手洗い

年齢の目安 0 1 2 3 4 5

おててをあらいましょう

作詞・作曲：不詳　編曲：平沼みゅう　振付：阿部直美

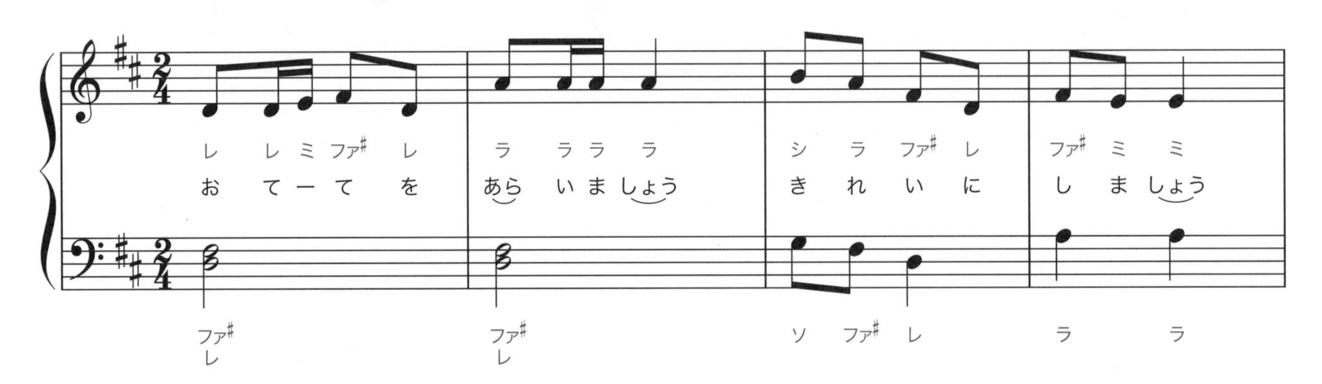

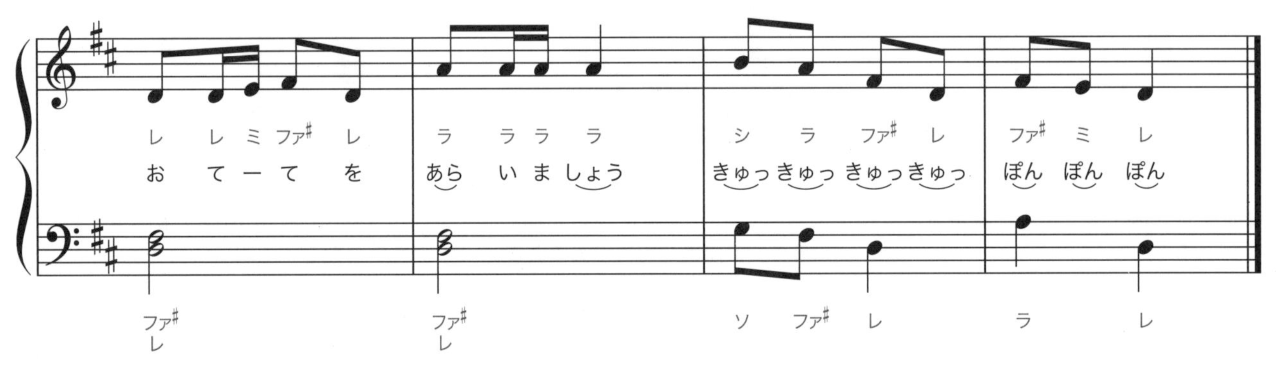

1 おててを　あらいましょう

両手をパーにして、顔の前で左→右→左→右と振る。

2 きれいに　しましょう

両手を合わせて、ごしごしとこすり合わせる。

3 おててを　あらいましょう

1を大きく行なう。

4 きゅっ　きゅっ　きゅっ　きゅっ

2を大きく行なう。

5 ぽん　ぽん　ぽん

3回拍手する。

この手あそび、ここが楽しい！

手洗いも楽しく！

1人で手洗いができるようになった頃にやってみたい手あそびです。手を合わせて洗うしぐさを、実際に洗うときの練習になるよう、リアルに行なうとよいでしょう。

ポイント　1 3「おててをあらいましょう」の手を左右に振るしぐさは、指の先までピンと伸ばしてみましょう。動作が大きく、きれいに見えます。

アレンジ　5「ぽん　ぽん　ぽん」は、慣れてきたら、その後に「ぽ　ぽ　ぽん　ぽん」などと、異なるリズムで拍手をしても楽しいでしょう。

とんでけバイキン

作詞・作曲・振付：おざわたつゆき　編曲：平沼みゅう

1 おててを

ポンと音を立てて、両手を合わせる。

2 ごしごし

合わせた両手でごしごし洗うしぐさをする。

3 おててを

1 と同じ。

4 ごしごし

2 と同じ。

5 バイキン　バイキン

4 回拍手する。

6 とんでい

片手を上げる。

7 け

もう片方の手を上げる。

2番

1番 と同じ。

この手あそび、ここが楽しい！

明るく楽しく「ごしごし」

手洗いの前後に歌と動作で手の洗い方を覚えましょう。

ポイント　2 4 「ごしごし」のリズムは、符割りに注意して「ごしーごしー（𝄾）」と歌いましょう。

アレンジ　洗う場所を「あたまを　ごしごし」「おなかを　ごしごし」などと替えて歌っても楽しいでしょう。

まねっこはみがき

作詞・作曲・振付：浅野ななみ　編曲：平沼みゅう

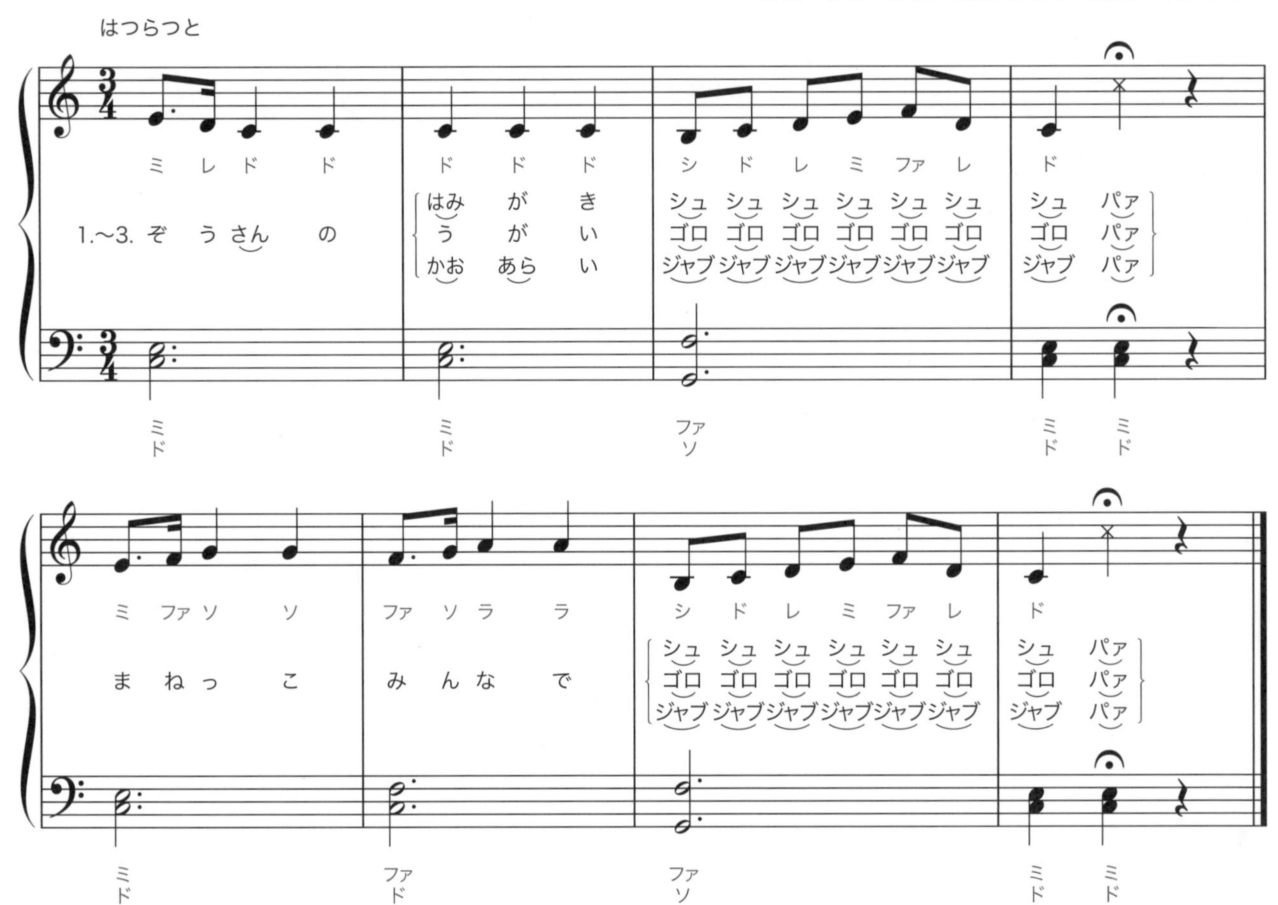

1番

1 ぞうさんの　はみがき

リズムに合わせて６回拍手する。

2 シュシュシュシュシュシュシュ

歯ブラシを持って歯を磨くしぐさを大きく行なう。

3 パァ

両手を上げる。

4 まねっこみんなで
シュシュシュシュシュシュシュシュ
パァ

1～3と同じ。

2番

1番に準じて、2 3の動きを変える。

2 ゴロゴロゴロゴロ
ゴロゴロゴロ

のどをくすぐる。

3 パァ

1番 3より大きなしぐさをする。

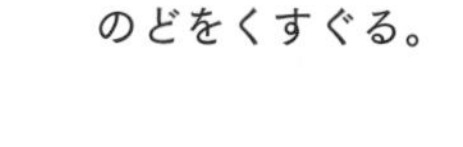

3番

1番に準じて、2の動きを変える。

2 ジャブジャブジャブジャブ
ジャブジャブジャブ

3 パァ

顔を洗うしぐさをする。

2番 3より大きなしぐさをする。

この手あそび、ここが楽しい！

まねっこでシュッシュッ

日常生活に必要な、歯磨き、うがい、洗顔を楽しく手あそびで表現してみましょう。

ポイント とても大きなゾウさんになって、大きく歯磨きをしてみましょう。ひとつひとつの動作をゆっくりと、とびきり大きく動かすことがポイントです。これができるようになったら、次は小さなリスさんになってやってみましょう。

アレンジ 保育者（リーダー）がみんなの前に立ち、ゾウさんになって1 2 3のしぐさを行ない、次にみんなが、それをまねて4「まねっこ…パァ」をやります。リーダーの細かい動作や顔の表情など、すべてをまねようとしてやるところが楽しいあそびです。保育者は、ユーモラスなしぐさをしましょう。

清潔　片付け　ゲーム

年齢の目安 0 1 2 3 4 5

かたづけマン

作詞：佐倉智子　作曲：おざわたつゆき　編曲：平沼みゅう　振付：阿部直美

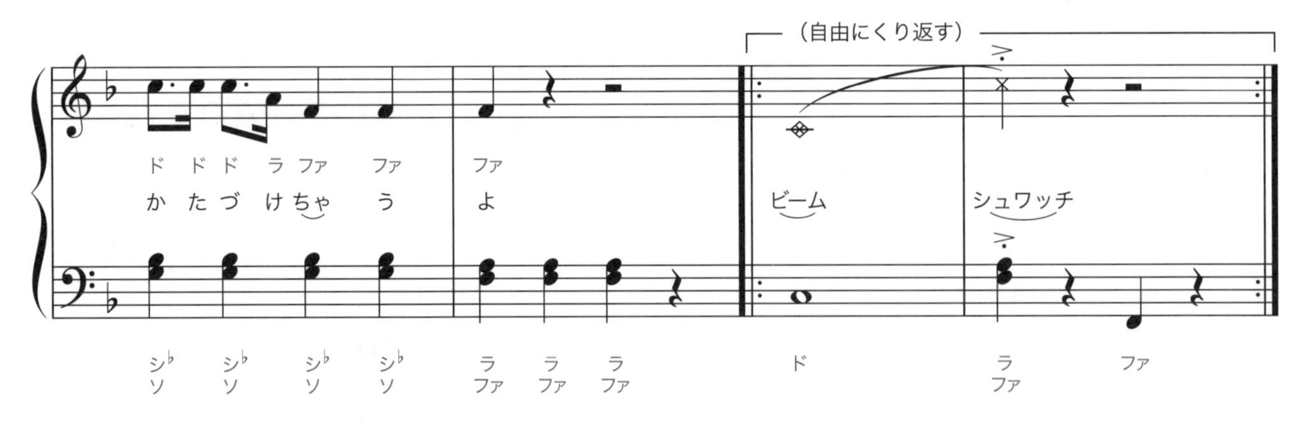

この手あそび、ここが楽しい！

かたづけマンのポーズでじゃんけん！

じゃんけんゲームの変形版です。グー・チョキ・パーの代わりに「かたづけマンの３つのポーズ」を覚えてからあそびに入りましょう。

ポイント 保育者は、5「ビーム」と光線を出すしぐさをできるだけ大きな動きと迫力を持って演じ、みんなをかたづけマンの世界に引き込みます。みんなは5「シュワッチ」のコールに合わせ、かたづけマンと違うポーズをタイミング良く出しましょう。

アレンジ ３歳児は、5「シュワッチ」のポーズを保育者と同じものを出すようにしてもよいでしょう。また、ポーズを、「両手を上」「両手を下」「両手を左右に開く」などのシンプルなやりやすい形にしてもよいでしょう。

●保育者（リーダー）がみんなの前に立つ。

1 かたづけマンは　ちからもち

足踏み拍手を６回し、最後の「ち」でガッツポーズをする。子どもはリーダーの動作をまねする。（以降、**5**まで、リーダーのまねをする。）

2 かたづけマンは　はやいぞ

足踏み拍手を６回し、最後の「ぞ」で両手を右から左へ素早く動かす。

3 ごみも　おもちゃも　あっと　いうまに

足踏み拍手を４回し､「あっと　いうまに」で、びっくりしたしぐさをする。

4 かたかたかたかた　かたづけちゃうよ

跳びながら、リズムに合わせて、両手を肩、下、肩、下……と動かす。

5 ビーム　シュワッチ

「ビーム」で両手を伸ばして左右に振り､保育者は「シュワッチ」で**A** **B** **C**のいずれかのポーズを出す。保育者と同じポーズを出した人は負けで、その場に座る。

6 ビーム　シュワッチ
ビーム　シュワッチ

勝った人は**5**の動作を続ける。

かたづけマンの３つのポーズ

A クロスビーム

B チョッキンビーム

C パラランビーム

ねずみのはみがき

作詞・作曲・振付：阿部直美　編曲：平沼みゅう

1番

1 ねずみの まえば

左手を腰に当て、右手を左右に軽く振る。

2 ガリガリガリ

右手をパーにして、左腕をかじるしぐさをする。

3 ねずみの まえば

1に同じ。

4 ガリガリ ガリ

2に同じ。

5 あら

右手をすばやく上げる。

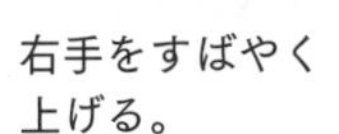

6 いっぽん かけちゃった

右手親指を折る。

2番～4番は、1番に準じて6で2番では指を2本、3番では指を3本、4番では指を4本折る。

5番

1 ねずみのまえば… いっぽんだけ

胸の前で右手の小指を立て、「いっぽんだけ」で前方に小指を押し出す。

2 これがかけたら どうしよう

小指を振りながら次第に声を小さくし、小指の動きも小さくしていく。

3 そこではみがきよ

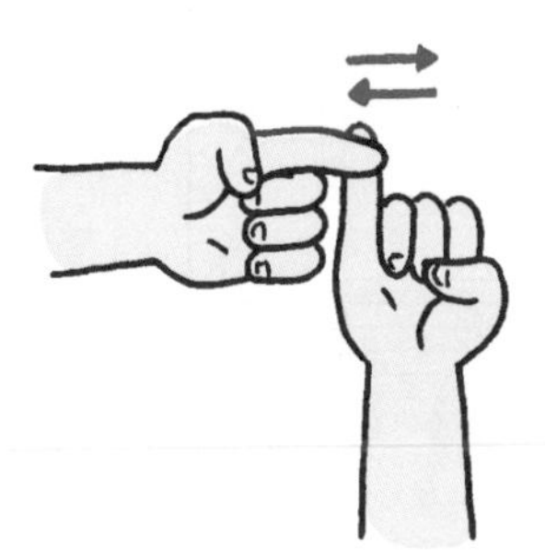

右手の小指を立て、左手の人さし指を歯ブラシのように横向きにしてこする。

4 シュッシュッ

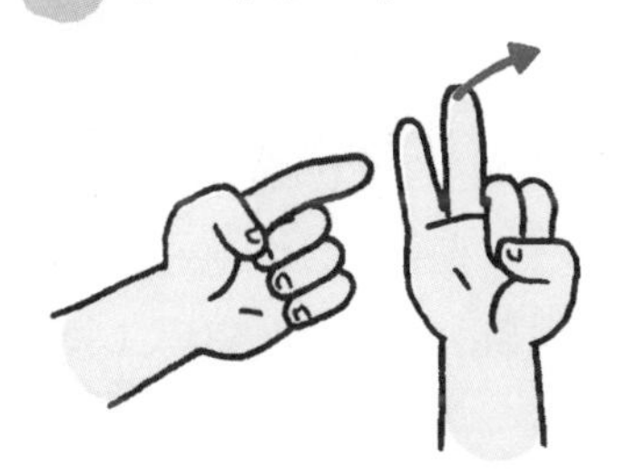

薬指を立てる。

5 そこで…シュッシュッ

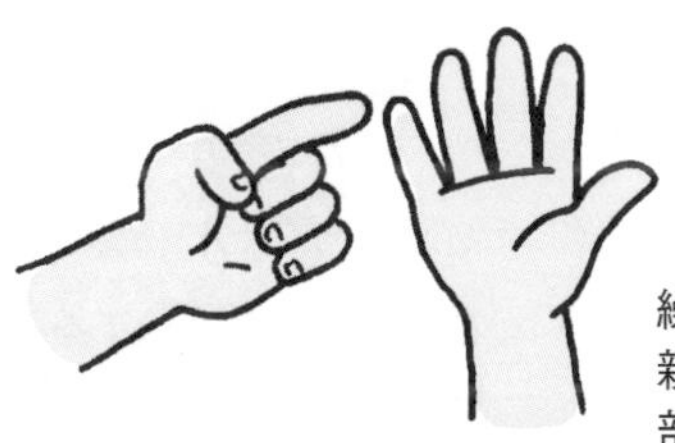

繰り返すたび、順に中指、人さし指、親指と立てていく。最後は右手の全部の指が立つまでくり返す。

この手あそび、ここが楽しい！

ハラハラドキドキ…もとどおり

少しスイングしたジャズ調で、コミカルに歌う指あそびです。このネズミは子どもだったので、歯磨きをしたら乳歯が生え変わり大人の歯が出て、もとどおりになります。

ポイント 歯が欠けていくと同時に、音がガリガリ、カリカリ…と弱くなっていきます。音の強弱を表す言葉に対して興味を持たせましょう。

アレンジ 子どもが保育者の前に片手をパーにして出し、保育者が歌に合わせて指を折っていったり、歯磨きをするしぐさをして、指を立たせたりしても楽しめます。

年齢の目安　0 1 2 3 4 5

はけたよパンツ

作詞・作曲・振付：阿部直美　編曲：平沼みゅう

●保育者が「うさぎさん　パンツはけるかな」と言ってから始める。

1 あたまに　ぼうし

頭を２回たたいてから、指先を合わせて帽子の形をつくる。

2 おててに てぶくろ

２回拍手して、「ろ」で両手を横に開く。

3 あしに くつした

右足、左足と、靴下をはくしぐさをする。

4 おしりは パンツ

大きく両手で4回、お尻をたたく。

5 「ヨイショ」「はけたよ」

パンツをはくしぐさの後、Ｖサインを出す。

この手あそび、ここが楽しい！

「１人ではけたよ！」

低年齢児にとって、１人でパンツをはけるようになるのは、とてもうれしいことです。上手にまねっこしてみましょう。

ポイント 保育者が「○○さんパンツはけるかな？」と子ども達に問い掛け、子どもは言われた動物になってパンツをはくしぐさをします。ウサギさんの小さいパンツ、ゾウさんの大きいパンツなど、それぞれをユーモラスに表現してみましょう。

アレンジ 不織布やカラービニール袋などで、少し大き目のブルマー型パンツを作り、パンツをはく競走をしてみましょう。運動会や親子の集いなどで使えるあそびです。

年齢の目安 0 1 2 3 4 5

トイレ・トレイン

作詞：佐倉智子　作曲：おざわたつゆき　編曲：平沼みゅう　振付：阿部直美

●保育者が「さあ、トイレに行きたい人は『トイレ・トレイン』に乗りますよ～」と声を掛ける。

1 トイレにゆきます　でんしゃです　ピーポッポ　ピッポッポ

2 おのりはおはやく　ピーポッポ

集まってきた子は、一列につながってトイレに行く。

この手あそび、ここが楽しい！

楽しく並ぼう！

トイレに行くことが楽しくなる、集合ソングです。明るくリズミカルに歌いましょう。

ポイント 繰り返し出てくる「ピーポッポ」の部分は、子ども達も一緒に歌えるようになるといいですね。歌に入る前に「ピーポッポ」を何回も繰り返すと、そのうちメロディーを覚え、歌えるようになります。

アレンジ 「ホールに行きます…」「お外に行きます…」など、行き先をいろいろな場所に変えてもよいでしょう。列に並ぶのは案外難しく、「まっすぐ並びなさい！」など命令口調になりがちです。歌って楽しく並びましょう。

睡眠　指の名称

年齢の目安 0 1 2 3 4 5

おやすみなさい

作詞・作曲・振付：阿部直美　編曲：平沼みゅう

1 おやゆび　ねむった

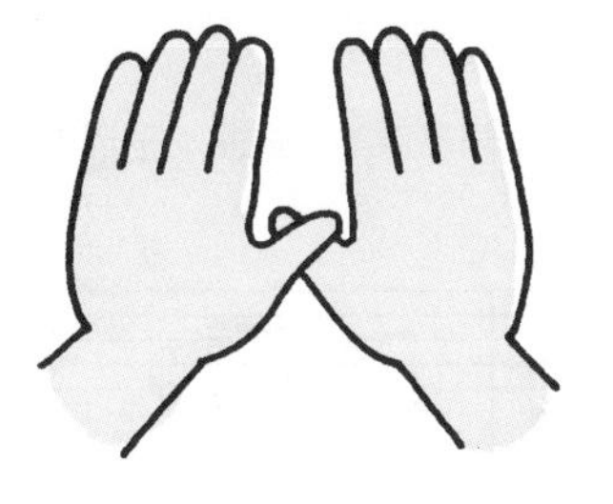

両方の親指を重ねる。

2 ひとさしゆび　ねむった

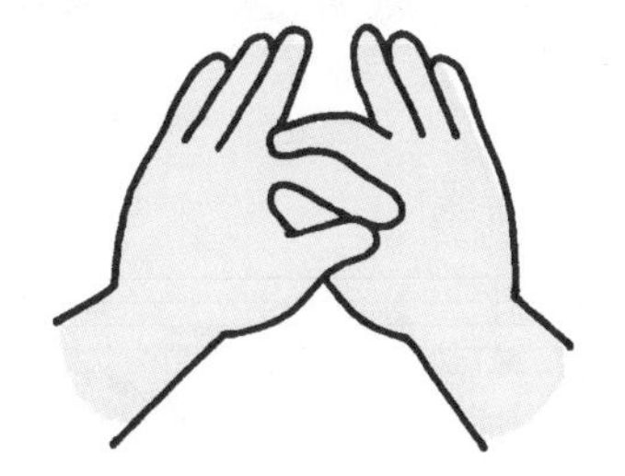

両方の人さし指を折る。

3 なかゆび　ねむった

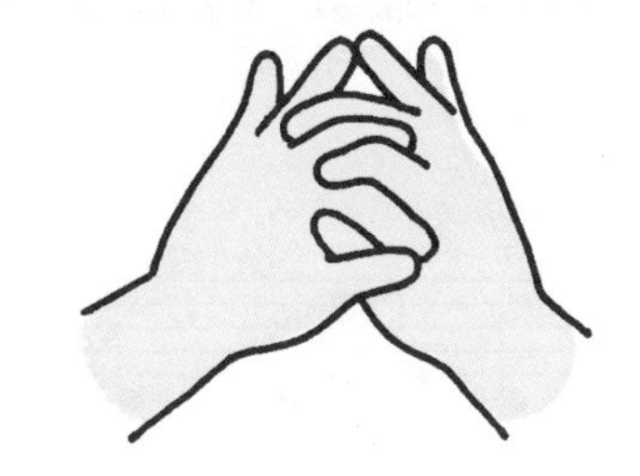

両方の中指を折る。

4 くすりゆび　ねむった

両方の薬指を折る。

5 こゆびの　あかちゃんも
ねむった

両方の小指をゆっくり折る。

6 まつげをとじて

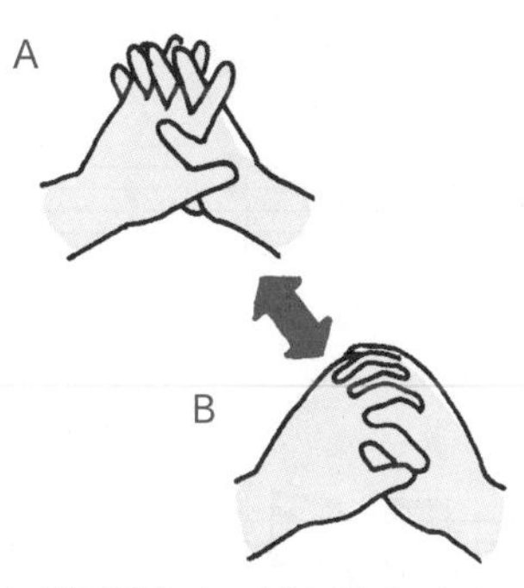

組んだ両指をまつげに見立てて、「ま」でA、「つ」でB…と1拍ずつA・Bを4回繰り返す。

7 ねむった

組んだ手を顔の横に付けて、目を閉じる。

この手あそび、ここが楽しい！

指の名前は？

歌いながら、指の正しい呼び名を覚えましょう。とても静かな曲なので、昼寝の前や全体に騒がしいときなど、落ち着きたいときに役立つ手あそびです。

ポイント あそびに入る前に、「お父さん指は、親指と言います。太くてがっしりしていますね」など、指の正式な名称や指の特徴をみんなで話し合ってから始めましょう。

アレンジ 保育者が歌いながら片手の指を折っていき、6 7「まつげをとじて　ねむった」で、その手にハンカチを掛けます。「コケコッコー　朝です。いちばん早起きはだれかな？」とハンカチの中で指を1本立てます。子どもたちが何指が早起きかを当てっこするゲームで遊んでみましょう。

交通安全　数　動物

年齢の目安　0 1 2 3 4 5

うさぎさんよくみてね

作詞・作曲・振付：阿部直美　編曲：平沼みゅう

● rit. はだんだん遅く。a tempo は元の速さに戻る。

1 いっぴきの

指で「1」を出し、軽く左右に振る。

2 うさぎさんが

両手で耳を作る。

3 にこにこ　にこにこ　さんぽして
よつかどで　ごっつんこ
ろくろくみないで

下線のところで「2」「3」「4」「5」「6」と指を出し、左右に振る。

4 ななめに　わたって
むこうから

下線のところで「7」を出し、「むこうから」両手で斜め前に伸ばす。

5 やってきた

手を伸ばしたまま「8」を出す。

6 くまさんに

伸ばした手を胸の前に戻して「9」を出す。

7 とうとう　とうとう

「とうとう」で「10」を出して左右に振る。

8 おこられた

1回拍手して、その手を大きく開く。

この手あそび、ここが楽しい！

交通安全指導に！

歌詞に合わせて1から10までの数字を出す手あそび。交通安全の指導にも役立ちます。

ポイント 6「くまさん」はだんだんゆっくり、「に」の𝄐（フェルマータ）でさらに音を伸ばします。この部分は速くならないよう、動作もゆっくり行なうのがポイントです。7「とうとう」からは、元のテンポに戻ります。

アレンジ 赤・黄・緑の丸をうちわに貼ります。リーダーがこのうちわを隠し持ち、赤丸を見せたら、みんなは「とまれ」と答えます。同時に黄色なら「ちゅうい」、緑なら「すすめ」と答えます。上手に答えられるかな？

避難訓練・お約束ソング

作詞・振付：阿部直美　フランス民謡　編曲：平沼みゅう

ド レ ド シ♭ ラ ファ　ド レ ド シ♭ ラ ファ　ファ ド ファ　ファ ド ファ
し ず か に しよ う　しゃ べ ら な いで ね　もど らな い　おや くそ く
ラ ファ　ラ ファ　ファ ド ファ　ファ ド ファ

1 あわてないで すすもう

体を軽く左右に振り、リズムをとる。

2 おさないで

両手を前に押すしぐさの後、「で」で手を「バツ」の形（バツのポーズ）にする。

3 はしらない

腕を振って走るしぐさの後、「い」でバツのポーズ。

4 しずかにしよう

手首を立てて、ゆっくり手を外に開く。

5 しゃべらないでね

両手を口に当てる。

上半身をひねって後ろを向き、「い」で前に戻してバツのポーズ。

7 おやくそく

6 を反対方向に行なう。

この手あそび、ここが楽しい！

「おはしも」き手あそびで！

避難するときの決めごとを歌と動作で覚えましょう。

ポイント 「おさない」「はしらない」「しゃべらない」「もどらない」をゆっくり、繰り返し練習しましょう。

アレンジ 紙芝居やペープサートなど表現方法を変えて、約束の意味を子どもたちに伝えましょう。

2 人気の手あそび

歌に合わせて動作をする手あそびや歌あそびは、子どもの表現力を育みます。例えば、「びっくり」という歌詞に動作を付けることによって、ちょっとびっくりしたのか、すごく驚いたのかなど、微妙な気持ちを相手に伝えることができます。伝わることの喜びは、自分を認めてくれたという満足感につながります。表現力が育つことは人間関係を広げ、それを大きく発展させるパワーになることでしょう。

子どもの表現しようとする想いを汲み取り、「本当のサンタさんみたい」「ゴリラさんにそっくり」など、保育者は具体的な言葉で子どもたちを褒めて励ますことがポイントです。

動物　挨拶

年齢の目安 0 1 2 3 4 5

くまさん くまさん

わらべうた　補作詞：シマダナオミ　編曲：平沼みゅう　振付：阿部直美

1 くまさん　くまさん

足踏みしながら、4回拍手する。

2 こんにちは

お辞儀をする。

3 くまさん　くまさん
りょうてをあげて

1の後、両手を上げる。

4 くまさん　くまさん
かたあしあげて

1の後、片足をあげる。

5 くまさん　くまさん
うしろをむいて

1の後、後ろを向く。

6 くまさん　くまさん
おしりをふって

1の後、後ろを向いたままお尻を振る。

7 くまさん　くまさん

足踏みと拍手をしながら前を向く。

8 さようなら

2と同じ。

この手あそび、ここが楽しい！

長縄跳びのあそびとして

元々は長縄を跳びながら歌詞の動作をするあそびでしたが、現在は、振りだけを取り上げて動作をする表現あそびとして使われるようになりました。

ポイント 繰り返し出てくる「くまさん　くまさん」は、足踏みをしながら拍手します。2歳児は片足をあげるとバランスを崩すことがあるので、最初は拍手だけにします。このリズムがとれるようになってから足の振りを付けるとやりやすいでしょう。

アレンジ 「くま」を他の動物や人物に置き換えて遊んでみましょう。「サンタさん　サンタさん　こんばんは　サンタさん　サンタさん　ふくろをかつぎ…」など、替え歌を作って遊んでも楽しめます。

動物　体の部位

年齢の目安 0 1 2 3 4 5

だいすき だいすき

作詞・作曲・振付：阿部直美　編曲：平沼みゅう

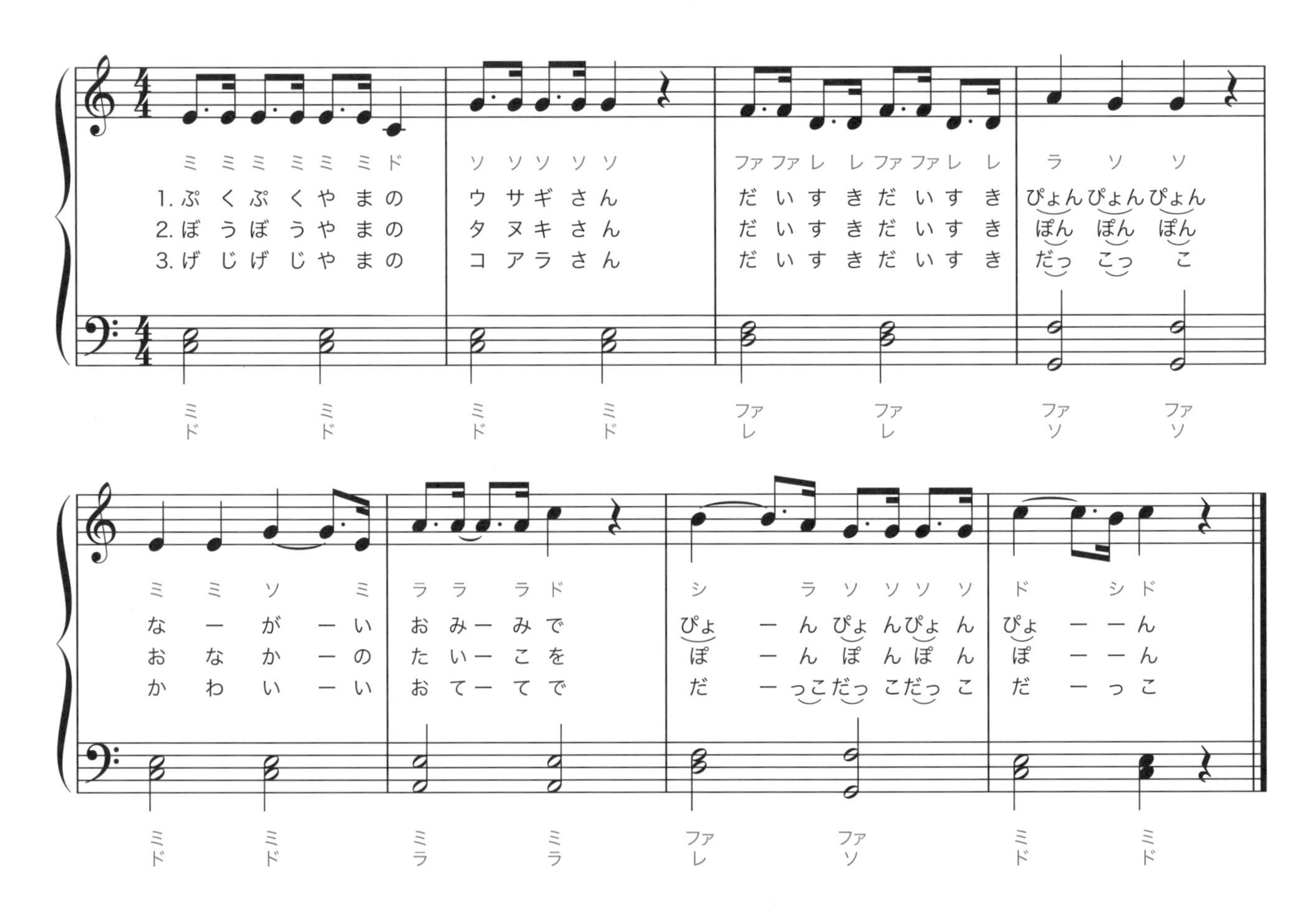

●保育者と子どもが向かい合う。

1番

1 ぷくぷくやまの　ウサギさん

子どもの頬を両手で挟むように軽くたたく。

2 だいすき　だいすき　ぴょんぴょんぴょん

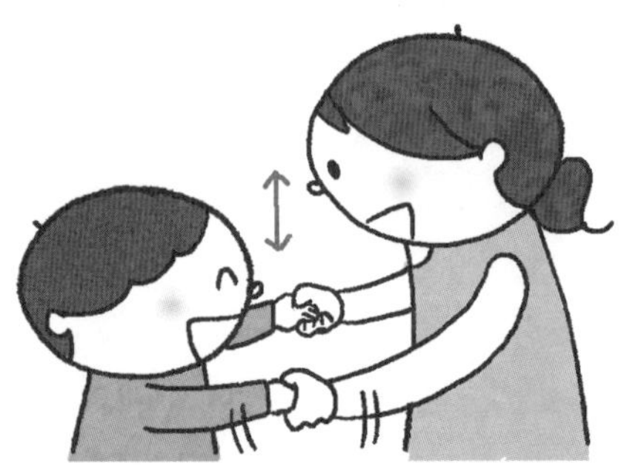

両手をつなぎ、上下に軽く振る。

3 ながいおみみで

両手を上げて、頭の上でウサギの耳を作る。

4 ぴょーんぴょんぴょんぴょーん

両手を自由に大きく動かす。

2番

1 ぼうぼうやまの
タヌキさん

保育者は子どもの髪の
毛を軽く触る。

2 だいすき
だいすき
ぽんぽんぽん

1番の2と同じ。

3 おなかの
たいこを

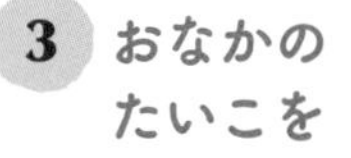

おなかを両手で押さえ、
軽くたたく。

4 ぽーん
ぽんぽん
ぽーん

自由に腹つづみを打つ。

3番

1 げじげじやまの
コアラさん

子どもの眉毛をつまむ。

2 だいすき
だいすき
だっこっこ

1番の2と同じ。

3 かわいい
おてて で

４回拍手する。

4 だーっこ
だっこだっこ
だーっこ

互いに抱き合い、最後
は「だいすき」と言い
ながら、さらにギュッ
と抱きしめる。

この手あそび、ここが楽しい！

大好きを伝えよう！

二人で向かい合って行なうふれあいあそびです。相手とアイコンタクトを取りながら、「とっても大好きだよ」という気持ちが伝わるように遊びましょう。

ポイント 最初の1で子どもの顔を触るときは、１拍目と２拍目に少し力を入れて、しっかりとふれ合うようにしましょう。触る人は、「さわっちゃうぞぉ～～」という表情でしぐさをするとあそびが盛り上がります。

アレンジ 慣れてきたら、子どもが大人を触ったり、子ども同士でやっても楽しいでしょう。曲の最後に「○ちゃん　だいすき～っ！」と、名前を呼んで抱きしめると楽しいでしょう。

ふれあい　栽培　食べ物　イモ掘り　秋

年齢の目安　0 1 2 **3 4 5**

ほっこり　ほっ

作詞・作曲・振付：阿部直美　編曲：平沼みゅう

1番 ●保育者と子どもが２人組みになって向き合う。

1 はたけのはたけの つちのなか

保育者と両手をつなぎ、互いに両手を押したり引いたりする。

2 ほっこりおいもが できまし

「ほっこり・おいもが・できまし」と３段階に分け、手を上げる

3 た

上げた手を元に戻す。

2番

1番に同じ。

3番

1 ゆっくり… できました

1番に同じ。

2 ほっ

保育者は片方のてのひらをすぼめて前に出す。子どもは見ている。

3 こり

もう片方の手を出す。

4 ほっ

両手を「ポン！」と合わせる。

5 ムシャムシャ

保育者の手をやきいもに見立てて食べるしぐさを繰り返す。

この手あそび、ここが楽しい！

音も楽しい♪

大人の手ですぼめた両手を打ち合わせると、「ポン」と良い音がします。子どもも良い響きが出せるようチャレンジしましょう。

ポイント てのひらをすぼめて、勢いをつけて打ち合わせます。

アレンジ 慣れてきたら子どもがやきいもの役を交代して、保育者が食べるしぐさをしてもよいでしょう。親子でも楽しめる歌です。

動物 ゲーム

年齢の目安 0 1 2 3 4 5

パパンのぞうさんゲーム

作詞・作曲・振付：中谷真弓　編曲：平沼みゅう

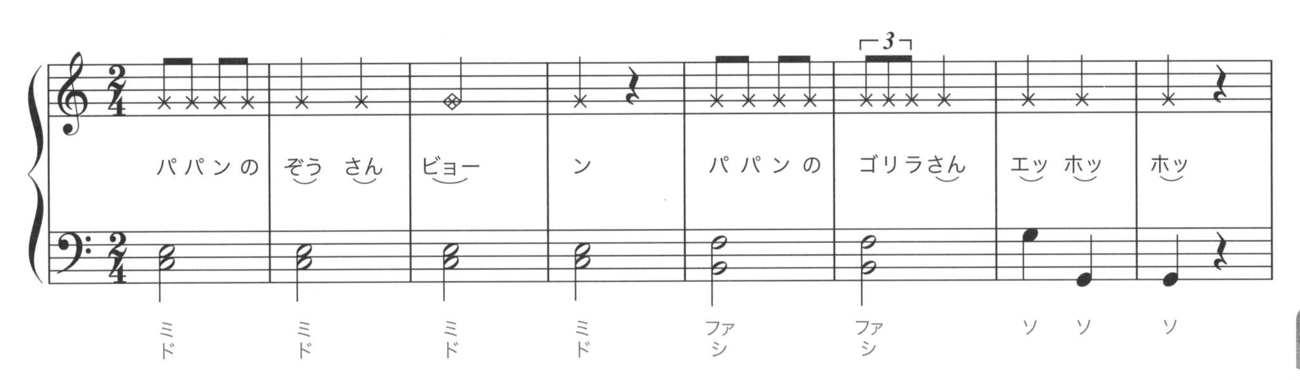

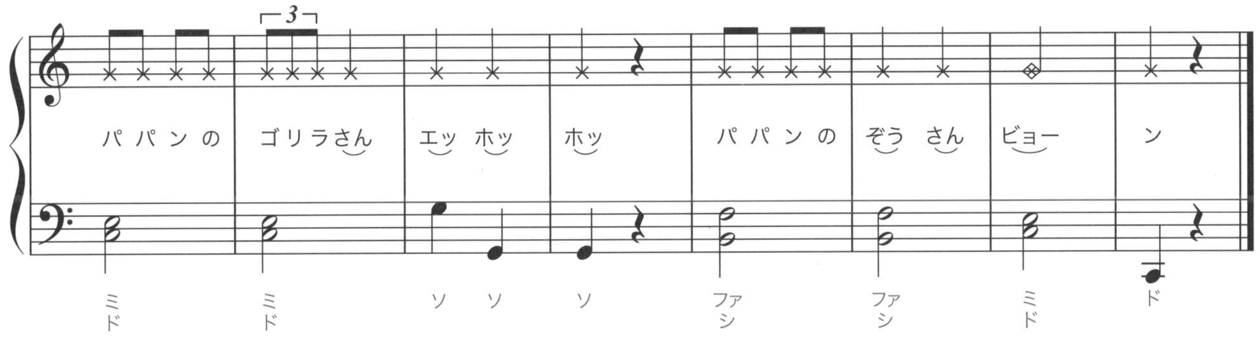

●保育者と子どもが２人組になって向かい合う。

1 パパンの

保育者が２回手をたたき、子どもも同時にまねをする。

2 ぞうさん

両手をグーにして鼻に付ける。

3 ビョーン

片手を伸ばす。

4 パパンの　ゴリラさん

1の後、両手をグーにして胸に付ける。

5 エッホッホッ

自由に胸をたたく。

6 パパンの　ゴリラさん エッホッホッ パパンのぞうさん ビョーン

4 5と1～3のしぐさをする。

この手あそび、ここが楽しい！

リズムに合わせてポーズ！

保育者のコールに合わせて「ゾウさん」「ゴリラさん」、どちらかのポーズをタイミングよく出すあそびです。

ポイント 初めはゆっくり、慣れてきたらテンポを上げて行ないます。また、「パパンの～～」と「の」を伸ばして、何が出てくるか期待感を持たせるようにするとあそびが盛り上がります。

アレンジ 慣れてきたら、「パパ」で１回拍手。「ンの」で両手を上げてバンザイポーズをします。この部分を変えるだけでゲームの難易度がアップし、年長児でも楽しめるゲームになります。

2 人気の手あそび

動物

年齢の目安 0 1 2 3 4 5

たまご たまご

1番　作詞・作曲：不詳　2番　作詞：中谷真弓　作曲：不詳　編曲：平沼みゅう　振付：阿部直美

1番

1 たまご　たまごが

両手で頭の上に輪を作る。

2 パチンと　われて

1回、大きく拍手する。

3 かわいいひよこが ピヨッピヨッピヨッ

両手を左右に出し、上下に振る。

4 まあかわいい

両手を大きく、1回まわす。

5 ピヨッピヨッピヨッ

3 を大きく行なう。

2番

1 たまご　たまごが

両手で頭の上に輪を作る。

2 パチンと　われて

1回、大きく拍手する。

3 げんきな　かいじゅう
ガオガオガオ

怪獣の動きをする。

4 まあびっくり

両手を大きく1回まわし、
びっくりするしぐさをする。

5 ガオガオガオ

3 と同じ。

この手あそび、ここが楽しい！

いろいろな題名で広がり

『たまごの歌』や『まあるいたまご』などの題名で広まっている手あそび歌です。メロディーも地域によって異なって流布しています。

ポイント **1**「たまごのポーズ」**2**「拍手」**3**「羽ばたくポーズ」を、大きくしっかり動かしましょう。**4**「まあかわいい」は、両手をそれぞれグーにし、顔の横で小刻みに振り「感激している」といった動作をしてもおもしろいでしょう。

アレンジ たまごから生まれてくる動物は、「ペンギン」「ヘビ」「恐竜」などがあります。卵生の生き物について話し合ったり、その後、替え歌を作って遊んでみましょう。

夏　生き物　じゃんけん

年齢の目安 0 1 2 3 4 5

ザリガニジャンケン

作詞・作曲・振付：阿部直美　編曲：平沼みゅう

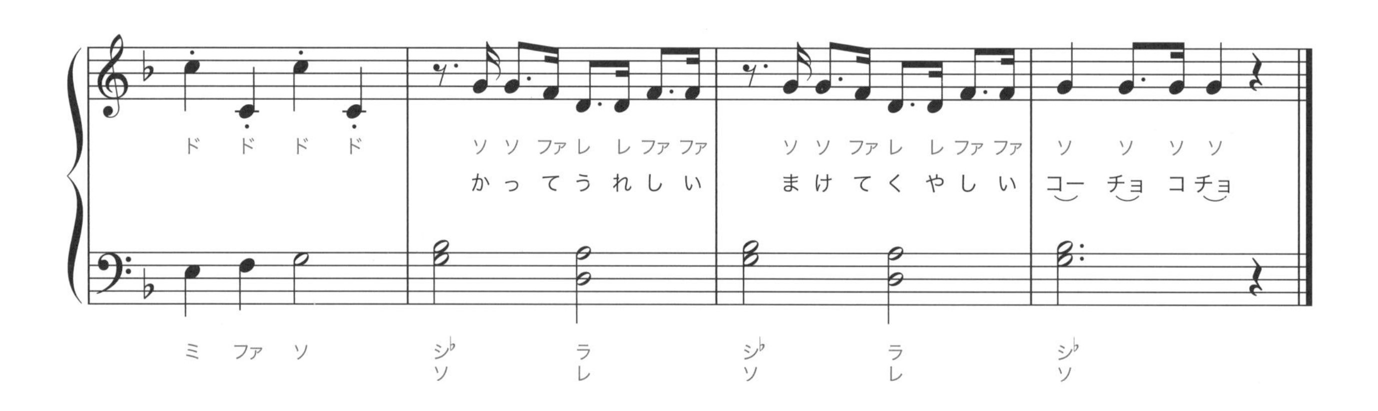

●２人組みになって向き合う。

1 チョキチョキ

両者チョキにした手を、右手、次に左手と前にだす。

2 ザリガニさん

チョキにした両手を頭上にあげる〈ザリガニ〉のポーズをし、その手を左右に振る。

3 グーグー　ゴリラさん

1と同様にグーにした手を前に出し、グーのまま右手を頭にのせ、左手をあごの下に当て左脇をしめ〈ゴリラ〉のポーズをする。

4 パーパー　チョウチョさん

1と同様にパーにした手を前に出してから、パーにした両手を胸の前で交差させ、両脇をしめ指をひらひら動かす〈チョウ〉のポーズをする。

5 ふるさと　まとめて ジャンケンポン（間奏）

かいぐりをしてからジャンケンで勝負をつける。

6 かってうれしい まけてくやしい

勝った人は拍手をする。負けた人はチョキで負けたら〈ザリガニ〉、グーで負けたら〈ゴリラ〉、パーで負けたら〈チョウ〉のポーズをする。

7 コーチョコチョ

勝った人は負けた人の脇の下をくすぐる。

この手あそび、ここが楽しい！

何で負けるかが問題！？

ジャンケンをし、勝った人は負けた人をくすぐることができるふれあいあそびです。チョキで負けた人はザリガニのポーズをするので、両脇を思い切りくすぐられてしまいます。ゴリラなら片方を、チョウなら両脇をガードできます。

ポイント 「ジャンケンポン」は勝負がつくまで、繰り返します。従って間奏部分もジャンケンに合わせて繰り返します。

アレンジ 6の「かってうれしい　まけてくやしい」で勝った人は拍手をしながら負けた人の方にだんだんと近づいて「くすぐっちゃうぞ」という表情をすると遊びが盛り上がります。拍手は上下左右いろいろな所でたたいてみましょう。

動物

年齢の目安 0 1 2 3 4 5

パンダ うさぎ コアラ

作詞：高田ひろお　作曲：乾　裕樹　編曲：平沼みゅう

●保育者（リーダー）がみんなの前に立つ。

1 おいで　おいで
おいで　おいで

手を前に出し、相手を呼ぶように手招きをする。

2 パンダ

リーダーは両手をそれぞれ輪の形にし、目の回りに当てる。

3（パンダ）

子どもは**2**のまねをする。

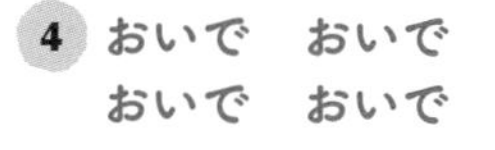

4 おいで　おいで
おいで　おいで

1と同じ。

5 うさぎ

保育者は両手を上げて頭の上に付ける。

6（うさぎ）

子どもは**5**のまねをする。

7 おいで　おいで
おいで　おいで

1と同じ。

8 コアラ

保育者は木に抱きつくようなしぐさをする。

9（コアラ）

子どもは**8**のまねをする。

10 パンダ　うさぎ
コアラ

全員で**2**、**5**、**8**のポーズをする。

11（間奏）

12 パンダ　うさぎ　コアラ　（パンダ　うさぎ　コアラ）
パンダ　うさぎ　コアラ　（パンダ　うさぎ　コアラ）
パンダ　うさぎ　コアラ　（パンダ　うさぎ　コアラ）

保育者が**2**、**5**、**8**のポーズをし、子どもはまねをする。3回繰り返す。

13 パンダ　うさぎ
コアラ

10と同じ。

この手あそび、ここが楽しい！

弾んだリズムで明るく！

全体が符点音符で構成されている曲です。このリズムを意識して明るく弾んで歌います。しぐさも、リズムに乗って元気に行ないましょう。

ポイント 歌う前に、「目の周りに黒い丸があるパンダさん」「耳の長いウサギさん」「木に両手でしっかりつかまっているコアラさん」など、それぞれの動作の意味を伝えてからあそびに入るとよいでしょう。

アレンジ テンポをゆっくりにして大きいパンダになったり、歌声を小さくテンポを速くしてとても小さなパンダになるなど、強弱をつけて動物たちを表現してみましょう。

生き物 食べ物

年齢の目安 0 1 2 3 4 5

ありさんのおはなし

作詞：都築益世　作曲：渡辺　茂　編曲：平沼みゅう　振付：阿部直美

●２人組で向かい合って立つ。

1番

1 ありさんのおはなし　きいたかね

手をつなぎ、その場で強、弱、弱と３回跳ぶ。
これを３回繰り返し、「ね」でもう１回跳ぶ。

2 （ 𝄽𝄽 ）

相手と両人さし指を２回合わせる。

3 ちいさなこえだが　きこえたよ

強、弱、弱と３回拍手する。これを３回繰り返し、「よ」でもう１回拍手する。

4 （ 𝄽𝄽 ）

2と同じ。

5 おいしい　おかしを　みつけたよ

一回りして、元に戻る。

6 （ 𝄽𝄽 ）

2と同じ。

7 となりの　おうちの　おにわだよ

3と同じ。

8 （ 𝄽𝄽 ）

2と同じ。

2番

1番と同じ。

この手あそび、ここが楽しい！

歌い継がれた「おゆうぎ」曲

本来、あそび歌ではありませんが、子ども達に長く歌い継がれ、運動会や発表会の「ゆうぎ」としても使われている曲です。

ポイント 1の３回跳びは少し難しいので、初めは椅子に座って練習してみましょう。１人で強・弱・弱の３拍子のリズムに合わせて、足だけ跳ねます。これができるようになってから、立って、２人組でやってみましょう。

アレンジ 「お菓子を見つけたアリさんは、穴に持って帰って誕生パーティーをしました」など、その後のストーリーを考えて、劇あそびに発展させても楽しめます。

2 人気の手あそび

動物　ゲーム　数

年齢の目安 0 1 2 3 4 5

ぞうさんとくものす

作詞・作曲：不詳　編曲：平沼みゅう

＊２～９番は、「ひとり」を「ふたり」「さんにん」…「きゅうにん」と数を増やして歌います。

1番

●９人が輪になって椅子に座り、輪の中に鬼が立つ。

1 ひとりのぞうさん　くものすに

鬼は「ひとりの」で右足を前に出して床に、かかとをつけ（ヒールポイント）、「ぞうさん」で足を戻す。これを繰り返す。

2 かかってあそんで おりました

1を左足で行なう。

3 あんまりゆかいに なったので

自由な方向に８回ジャンプして進む。

4 もうひとりおいでと　よびました

輪の中の１人(A)を指さす。Aは鬼の前に立ち、鬼は後ろからAの両肩に手を乗せてつながる。

2番

２人つながったまま、Aが鬼になり、**1番**に準じて**1**～**3**を行なう。

4 もうひとりおいでと よびました

Aが輪の中の１人（B）を指さし、Bは A の前に立ち、３人つながる。

3番 ～ 9番

2番と同様に、**1番**に準じて、３人、４人…９人と人数を増やして行なう。

10番

10人つながったまま、**1番**に準じて、**1**～**3**を行なう。

4 おうちへかえろと　いいました「さようなら」

全員つながったまま、その場で歌う。その後、先頭の鬼が「さようなら」と言い、その声を合図に、それぞれが好きな椅子に座る。座れなかった子どもが、次の鬼になる。

この手あそび、ここが楽しい！

地域で異なる歌あそび

原題は『One Elephant Went Out to Play』という「マザーグース」の中の曲が、カナダの子ども番組のテーマ曲として広まったと言われています。あそび方も地域によって異なります。

ポイント 指をさされた子どもは、鬼の前に立ってつながっていくというルールを理解してからあそびに入りましょう。**10番**は「あんまり　重たくなったので　プツンと糸が切れました」と歌われることもあります。

アレンジ 低年齢児は、椅子取りゲームにしないで、ただ長くつながって踊るだけでも楽しめます。基本は10人ですが、5人で終わりにするなど、動きやすい小人数で遊んでみましょう。

動物 食べ物

年齢の目安 0 1 2 3 4 5

くいしんぼゴリラのうた

●3段目 accel. はだんだん速く。4段目 a tempo は元の速さに戻る。

●2人組になり、向かい合う。

1番

1 くいしんぼなゴリラが　バナナをみつけた

1回拍手した後、相手と両手を3回打ち合わせる。これを繰り返す。

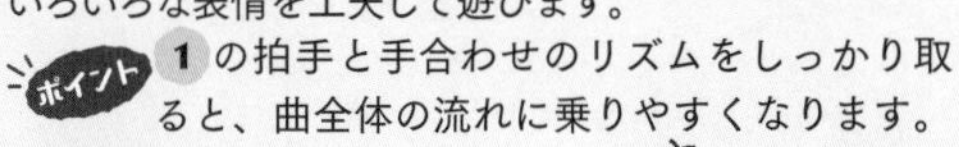

いろんな味の表情で

ゴリラさんが見つけた食べ物は、どんな味がしたかな？いろいろな表情を工夫して遊びます。

ポイント 1の拍手と手合わせのリズムをしっかり取ると、曲全体の流れに乗りやすくなります。

アレンジ 最後の泣くところは、2人で向かい合い、両手で肩を抱き合って泣いてもユーモラスです。

2 かわむいて　かわむいて

片手でバナナを持ち、もう片方の手で皮をむくしぐさをする。

3 パックンと　たべた

バナナを上に投げ、開けた口で受け止めてもぐもぐ食べるしぐさをする。

4 ドンドコドンドン　ドンドコドンドン

両手をグーにして、ゴリラが胸をたたくしぐさをする。

5 おー　うまい

両手を大きく回して頬に当て、おいしいという顔をする。

2番

1番に準じて、5の動きを変える。

5 おー　すっぱい

すっぱい表情をする。

3番

1 くいしんぼな　ゴリラが　たまねぎ　みつけた

1番の1と同じ。

2 かわむいて　かわむいて　かわむいて　かわむいて　かわむいて　かわむいて

タマネギの皮を何枚もむいて投げ飛ばすしぐさをだんだん速く行なう。

3 たべる

テンポを元の速さに戻し、1回拍手する。

4 ところが　なくなった

相手と両手を3回打ち合わせる。

5 ドンドコ　ドンドン　ドンドコ　ドンドン

1番の4と同じ。

6 ウェーン

泣くしぐさをする。

動物　掛け合い

年齢の目安 0 1 2 3 4 5

アイ・アイ

作詞：相田裕美　作曲：宇野誠一郎　編曲：平沼みゅう　振付：阿部直美

●保育者と子どもが向かい合う。

1番

1 アーイ　アイ

保育者が上、下、左、右の好きなところで、２回拍手する。

2 （アーイ　アイ）

子どもは保育者のまねをして、同じところで２回拍手する。

3 アーイ　アイ

1と同じ。

4 （アーイ　アイ）

2と同じ。

5 おさるさんだよ

子どもと保育者は頭と顎をかきながら体を左右に振る。

6 アーイ　アイ
（アーイ　アイ）
アーイ　アイ
（アーイ　アイ）

1 2を２回繰り返す。

7 みなみのしまの

両手を交差させて大きく回す。

8 アイ　アイ
（アイ　アイ）
アイ　アイ
（アイ　アイ）

1 2を２回速く行なう。

9 しっぽのながい

腰をたたいてから片方の手をしっぽのように上げる。

10 アーイ　アイ
（アーイ　アイ）
アーイ　アイ
（アーイ　アイ）

11 おさるさんだよ

1～5と同じ。

2番

1番に準じて、9の動きを変える。

9 おめめのまるい

両手の親指と人さし指で輪を作って目に当てる。

この手あそび、ここが楽しい！

言葉の響きが楽しい！

子どもたちによく歌われている曲です。「アイ・アイ」はマダガスカル島に生息する夜行性のサルです。言葉の響きが楽しく、「アイ・アイ」の部分にしぜんに振りが付いて広まりました。

ポイント 「アイ　アイ」や「アーイ　アイ」など、似ていて異なったメロディーが繰り返し出てきます。この部分を表情を付けて歌うと、あそびが生き生きしたものになります。

アレンジ 1の「アーイ　アイ」の拍手を、他の動きに変化させて遊んでみましょう。例えば、「アーイ」で両手で膝をたたき、「アイ」で両手を胸の前で交差させるなど、少し難しいしぐさに挑戦しても楽しいでしょう。

動物　顔の部位　大小

年齢の目安　0 1 2 3 4 5

てんぐのはな

作詞・作曲・振付：浅野ななみ　編曲：平沼みゅう

1番

1 てんぐのはなは ながいぞ　**2 おっとっとっとっ**　**3 このくらい**

片手の人さし指で、鼻を軽くたたく。

両手をグーにして重ねて鼻に付け、片手を前に大きく伸ばしていく。

伸ばした手をちょうどよい長さに戻す。

2番

1 ぞうのみみは でっかいぞ　**2 おっとっとっとっ**　**3 このくらい**

両手の人さし指で、両耳をたたく。

両手をパーにして両耳に付け、大きく広げていく。

広げた手をちょうどよい大きさに戻す。

3番

1 ありのくちは ちっちゃいぞ　**2 おっとっとっとっ**　**3 このくらい**

片手の人さし指で、口を軽くたたく。

両手で両頬を押さえ、口を小さくすぼめていく。

すぼめた口をちょうどよいところに戻す。

この手あそび、ここが楽しい！

顔の部位を楽しく覚えよう！

あそびを通して、鼻・耳・口など、顔の部位を触って覚えましょう。低年齢児から参加できる手あそびです。

ポイント　1番の2「おっとっとっとっ」は、わざと長く手を伸ばし過ぎるくらいに伸ばし、3「このくらい」で程よい長さまで戻しましょう。この「おっとっとっとっ…」を、手だけでなく、体を左右に振りながらするなどおどけて表現しましょう。

アレンジ　「カニのハサミはでっかいぞ」「カエルの目玉は大きいぞ」など、いろいろな動物に置き換えて遊んでみましょう。

生き物　顔の部位

年齢の目安 0 1 2 3 4 5

さかながはねて

作詞・作曲・振付：中川ひろたか　編曲：平沼みゅう

1番

1 さかながはねて

両手のひらを合わせて少し膨らませ、魚が泳ぐようなしぐさをする。

2 ピョン

腕を前上に伸ばして、魚が飛び出すように指先を広げる。

3 あたまにくっついたぼうし

両手を頭の上に置く。

2番

1番に準じて、3の動きを変える。

3 おめめにくっついためがね

小さな丸を作って、目に当てる。

3番

1番に準じて、3の動きを変える。

3 おくちにくっついたマスク

口に両手を当てる。

この手あそび、ここが楽しい！

アイディアでより楽しもう！

魚がピョンとはねて頭にくっついたら、何になるかな？　子どもたちと一緒に、様々なアイディアを出し合って歌ってみたい楽しいあそび歌です。

ポイント 1 2 の魚の泳ぐ様子と跳びはねるしぐさは、本書の振りを参考にして、子どもたちが考えた動きでやってみましょう。2「ピョン」は、大きく元気に行なうと、動きにめりはりが出ます。

アレンジ シンプルで覚えやすいメロディなので、低年齢児も楽しむことができます。「ぼうし」「めがね」「マスク」など、分かりやすいしぐさのところだけをやってみましょう。

動物 数

年齢の目安 0 1 2 3 4 5

のねずみ

作詞：鈴木一郎　イギリス民謡　編曲：平沼みゅう

1番

1 いっぴきの

人さし指を出して左右に振る。

2 のねずみが

もう片方の人さし指も出して、一緒に振る。

3 あなぐらに　とびこんで

両手で輪を作り、体の前で左右に振る。

4 チュチュッチュ　チュチュチュ チュッチュチュッと

両手の人さし指を交互に打ち合わせながら上げていく。

5 おおさわぎ

両手を開いて、ひらひら振りながら下ろす。

2番

1番に準じて、人さし指と中指の２本の指で行なう。

3番

1番に準じて、人さし指と中指、薬指の３本の指で行なう。

4番

1番に準じて、人さし指と中指、薬指、小指の４本の指で行なう。

5番

1番に準じて、５本の指で行なう。

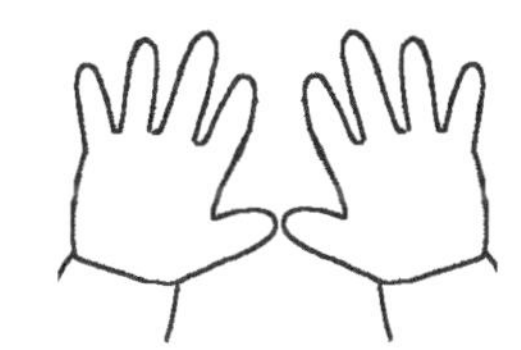

この手あそび、ここが楽しい！

マザーグースの指あそび

イギリスの童謡集「マザーグース」の中の『Three Blind Mice』に日本語の歌詞が付き、広く歌われるようになった指あそびです。

ポイント あそび方は全国ほぼ同じで、指を増やして打ち合わせるやり方ですが、歌詞はいろいろなものが流布しています。特に、3「あなぐらに　とびこんで」が、「あなぐらに　おっこちて」「あなぐらに　あつまって」など様々です。

アレンジ 「もし、カエルさんが穴にとび込んだらどうなるかな」と話し、「チュッ　チュッ」を「ケロッ　ケロッ」などと変えて遊んでみましょう。

2 人気の手あそび

生き物 食べ物 家族

年齢の目安 0 1 2 3 4 5

キャベツのなかから

作詞・作曲：不詳　編曲：平沼みゅう

1番

1 （キャベ）ツのなかから　あおむしでたよ

「キャベ」は動作をつけず歌のみ、「ツ」から、右手をグー（キャベツ）にし、左手のパーを（キャベツの葉）をかぶせる。これを手を変えて繰り返す。

2 ピッピッ

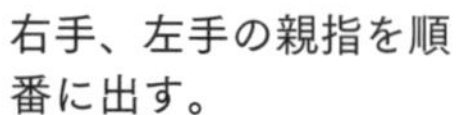

右手、左手の親指を順番に出す。

3 とうさんあおむし

左右に揺らす。

2番

1番に準じて、2 3の指を変える。

2 ピッピッ

右手、左手の人さし指を順番に出す。

3 かあさんあおむし

左右に揺らす。

3番

1番に準じて、2 3の指を変える。

2 ピッピッ

右手、左手の中指を順番に出す。

3 にいさんあおむし

左右に揺らす。

4番

1番に準じて、2 3の指を変える。

2 ピッピッ

右手、左手の薬指を順番に出す。

3 ねえさんあおむし

左右に揺らす。

5番

1番に準じて、2 3の指を変える。

2 ピッピッ

右手、左手の小指を順番に出す。

3 あかちゃんあおむし

左右に揺らす。

6番

1番に準じて、2 3の指を変える。

2 ピッピッ

右手、左手の5本指を順番に出す。

3 ちょうちょになりました

両手の親指を重ね、ひらひらさせる。

この手あそび、ここが楽しい！

あそび方、歌い方が様々

全国的によく知られている指あそびですが、作詞者、作曲者不詳のため、あそび方、歌い方が微妙に異なっています。

ポイント 弱起の曲で、歌い出し1「キャベ」が1小節目の前に出ていますので、「ツの…」からしぐさを始めます。ちなみに弱起の曲は、最後の小節がここでは3拍で、「キャベ」の1拍を足して4拍になります。

アレンジ 2「ピッ　ピッ」を「ニョキ　ニョキ」、3「とうさん」を「おとうさん」、「かあさん」を「おかあさん」と歌うこともあります。

動物 数 ゲーム

年齢の目安 0 1 2 3 4 5

いっちょうめのドラねこ

作詞・作曲・振付：阿部直美　編曲：平沼みゅう

●2人組になり、向かい合う。

1 いっちょめのドラねこ　にちょめのクロねこ
さんちょめのミケねこ　よんちょめのトラねこ
ごちょめのネズミは

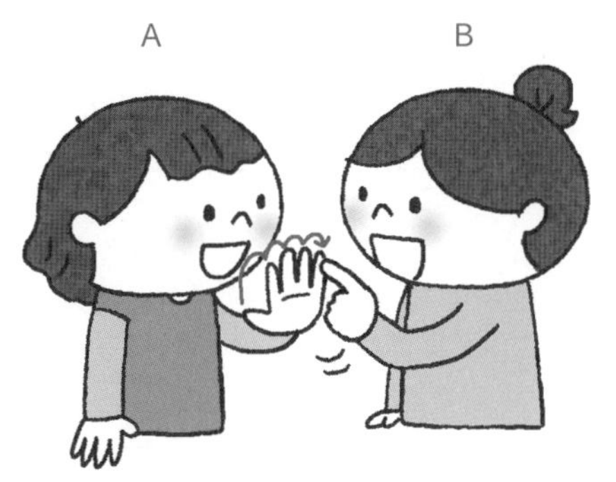

Aは片手を広げ前に出す。
Bは人さし指で、Aの指先を親指から順に軽くたたいていく。

2 おいかけられて
あわてて　にげこむ

Aは両手でそれぞれ「あな」（ねずみとり）を作る。
Bは両手の人さし指で、Aの体のあちこちをつつく。

3 あなの　なか

Bは両手の人さし指を大きく上げてから、Aの穴の中に入れる。

4 ニャオー

〔にげたところ〕

〔つかまったところ〕

AはBの指をつかまえようと手を握り、Bはサッと指を抜く。

この手あそび、ここが楽しい！

楽しく数字を覚えよう！

指をネコとネズミに見立てて、追いかけっこを表現しましょう。歌いながらしぜんに数字を覚えることのできる指あそびです。

ポイント 相手の指をリズムに合わせて素早くキャッチするのは、「キャッチング」というゲームあそびのやり方です。幼児から大人まで楽しめるリズムゲームの定番です。タイトルは『いっちょうめの…』ですが、歌詞は「いっちょめの…」と歌います。

アレンジ 符点のリズムを生かして元気に歌います。2小節目の「ドレミミ」は「ドレミファ」と歌わないように注意しましょう。テンポをゆっくりしたり、速くしたりすると、あそびがよりスリリングになります。

動物　しりとり

年齢の目安　0 1 2 3 4 5

コブタヌキツネコ

作詞・作曲：山本直純　編曲：平沼みゅう

1 こぶた（こぶた）

親指と人さし指で輪を作り、鼻に付ける。

2 たぬき（たぬき）

両手をグーにして、交互におなかをたたく。

3 きつね（きつね）

両手の人さし指で目を引っ張り、つり上げる。

4 ねこ（ねこ）

両手をパーにして、ネコのひげのように頬に付ける。

5 ブブブー（ブブブー）

1と同じ。

6 ポンポコポン（ポンポコポン）

2と同じ。

7 コンコン（コンコン）

3と同じ。

8 ニャーオ（ニャーオ）

4と同じ。

9 こぶた（こぶた）
たぬき（たぬき）
きつね（きつね）
ねこ（ねこ）
ブブブー（ブブブー）
ポンポコポン（ポンポコポン）
コンコン（コンコン）
ニャーオ（ニャーオ）

1～8と同じ。

この手あそび、ここが楽しい！

つながるしりとりソング

NHKの『おかあさんといっしょ』から生まれたしりとりソング。「ねこ」から始まって「こぶた」に戻り、ぐるぐる回るようにつながっている歌詞です。

ポイント 全国ほぼ動作は統一されていて、「ブタは鼻」「タヌキは腹つづみを打つ」「ネコはひげ」ですが、キツネは、「目をつり上げる」「耳をつくる」など、地域によって表現が異なることもあります。

アレンジ リーダーが「こぶた」と歌ったら、子どもたちが「こぶた」と繰り返して歌うあそび方もあります。テンポを速くしても、歌と動作がうまくできるかな？

2 人気の手あそび

動物　数

年齢の目安　0 1 2 3 4 5

いっぽんばし にほんばし

作詞：湯浅とんぼ　作曲：中川ひろたか　編曲：平沼みゅう

1番

1 いっぽんばし いっぽんばし

両手の人さし指を立てる。

2 おやまに なっちゃった

人さし指を頭の上で山の形にする。

2番

1 にほんばし にほんばし

両手の人さし指と中指を立てる。

2 めがねに なっちゃった

目に当てる。

3番

1 さんぼんばし さんぼんばし

3本の指を立てる。

2 くらげに なっちゃった

下に向けて揺らす。

4番

1 よんほんばし よんほんばし

4本の指を立てる。

2 おひげに なっちゃった

頬に当てる。

5番

1 ごほんばし ごほんばし

5本の指を立てる。

2 ことりに なっちゃった

両手の親指を付けてぱたぱた動かす。

この手あそび、ここが楽しい！

○本指と○本指で何の形？

1本指と1本指を組み合せたら、何の形に見えるかな？子どもたちと一緒に考えてみましょう。

ポイント　1 の指を出すところは、右手→左手と、片方ずつ少し前方に出すと、指の形がはっきり見えます。

アレンジ　「1本ばしと1本ばし」で鬼のツノ。「2本ばしと2本ばし」でカニさんのチョッキンバサミなど、楽しい歌詞を考えて遊んでみましょう。

年齢の目安 0 1 2 3 4 5

たぬきのたぬきうた

作詞：佐倉智子　作曲：おざわたつゆき　編曲：平沼みゅう　振付：阿部直美

1回目

ポンポコーやまの　たぬきさん
たいこをたたいて　ポンポコポン
おなかのたいこを　ポンポコポン
たたいてたたいて　ポンポコポン

2拍に1回拍手をする。（★印の所でたたく）

2回目

ポンポコーやまの　たぬきさん
たいこをたたいて　ポンポコポン
おなかのたいこを　ポンポコポン
たたいてたたいて　ポンポコポン

1回目と同様に拍手をしながら、「た」の字を抜かして歌う。

この手あそび、ここが楽しい！

テンポのいい「た」抜き歌！

「た」の字がたくさん出てくる歌です。曲のテンポを保ったままで、2回目には「た」だけを抜いて歌ってみましょう。

ポイント 初めにメロディーと歌詞をしっかり覚えます。それができたら2拍に1回拍手をしながら歌ってみましょう。

アレンジ タヌキさんになって腹つづみを打ち続けながら、「た」の字を抜いて歌えるかな？　そのやりにくさが楽しいあそびです。

2 人気の手あそび

動物　数　顔・体の部位

年齢の目安 0 1 2 3 4 5

奈良の大仏さん

作詞：不詳　アメリカ民謡　編曲：平沼みゅう

快活に

1番

1 ならの　ならの だいぶつさんに

両手で大きく大仏の形を描く。

2 すずめが　さんば とまった

指を３本出す。

3 なんといって ないてます

右手を耳に当て、聞くしぐさをする。次に、左手も同じ。

4 チュンチュンチュン チュンチュン

両手を左右に広げて軽く振り、スズメが飛ぶしぐさをする。

2番

1 いちばんめの
こすずめは

指を１本出す。

2 あたまに
とまった

片手で頭を軽くたたく。

3 たかいたかい
おやまだよ

山を描くように下から
両手を上げる。

4 チュンチュンチュン
チュンチュン

1番の4と同じ。

3番

1 にばんめの
こすずめは

指を２本出す。

2 おはなに
とまった

人さし指で鼻をさす。

3 くらいくらい
トンネルだよ

両手のひらで目の前を隠
して開く…を繰り返す。

4 チュンチュンチュン
チュンチュン

1番の4と同じ。

4番

1 さんばんめの
こすずめは

指を３本出す。

2 おしりに
とまった

お尻を軽くたたく。

3 くさいくさい
おかだよ

鼻をつまんで、頭を左
右に軽く振る。

4 チュンチュンチュン
チュンチュン

1番の4と同じ。

この手あそび、ここが楽しい！

歌いつがれた替え歌あそび

アメリカ民謡『The Little Indians』が元になっています。歌いやすいメロディーなので、様々な替え歌が作られ今日まで歌い継がれている作品です。

ポイント 2「すずめが　さんば　とまった」は、元のメロディーと少し違っているので注意しましょう。

アレンジ 「大仏」の絵本や写真などを見せ、どのくらいの大きさなのかを伝えると、歌詞の意味がよくわかるようになるでしょう。

2 人気の手あそび

動物　顔の部位

年齢の目安 0 1 2 3 4 5

どんなおひげ

作詞：佐倉智子　作曲：おざわたつゆき　編曲：平沼みゅう　振付：阿部直美

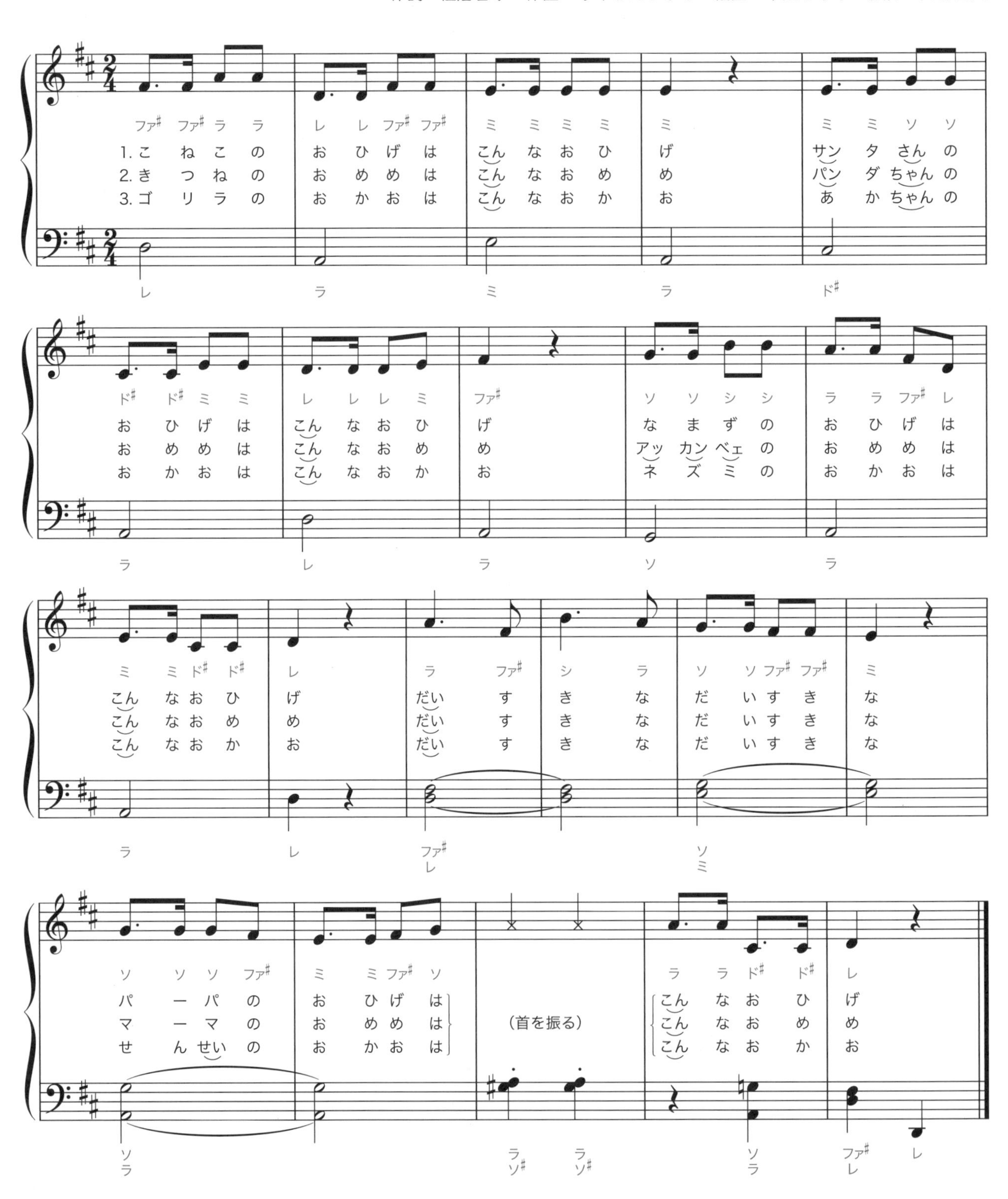

1番

1 こねこのおひげは
こんなおひげ

4回拍手をし、両手で3本指を出して指先を頬の横に付ける。

2 サンタさんのおひげは
こんなおひげ

4回拍手をして、両手を顎の下で交差させる。

3 なまずのおひげは
こんなおひげ

4回拍手をして、両手の人さし指を鼻の下で「八」の字にする。

4 だいすきなだいすきな
パパのおひげは

両手を合わせ、右→左→右と4呼間に1回交互に頬に寄せる。

5 (↓↓)

4のポーズのまま首を縦に2回振る。

6 こんなおひげ

人さし指で頬を点々と突くなど自由に表現する。

2番

1 きつねのおめめは
こんなおめめ

4回拍手をして、両手の人さし指で目尻をつり上げる。

2 パンダちゃんのおめめは
こんなおめめ

4回拍手をして、目尻を下げる。

3 アッカンベェのおめめは
こんなおめめ

4回拍手をして、両手の人さし指でアカンベーをする。

4 だいすきな
だいすきな
ママのおめめは

5 (↓↓)

1番の4 5と同じ。

6 こんなおめめ

親指と人さし指で輪を作り、残りの指を立てて目に付ける。

3番

1 ゴリラのおかおは
こんなおかお

4回拍手をして、片手で頭を、もう一方の手で顎をかく。

2 あかちゃんのおかおは
こんなおかお

4回拍手をして、片手の親指をしゃぶる。

3 ネズミのおかおは
こんなおかお

4回拍手をして、上前歯を出して、下唇を噛む。

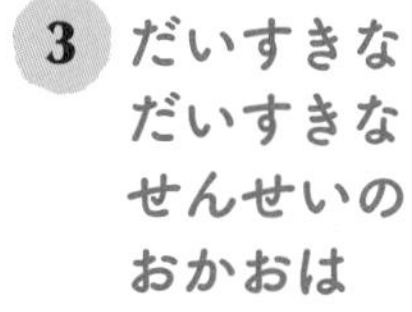

3 だいすきな
だいすきな
せんせいの
おかおは

5 (↓↓)

6 こんなおかお

両手で顔を隠し、次にパッと開いて笑顔になる。

この手あそび、ここが楽しい！

指で表現、ネコのひげ

ネコさんのおひげは、どんな形をしているかな？ 指や手を使って表現してみましょう。

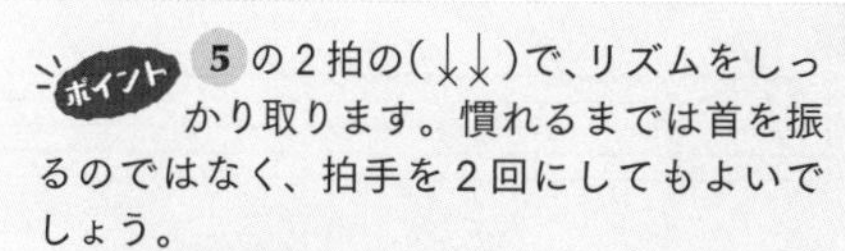

ポイント 5の2拍の(↓↓)で、リズムをしっかり取ります。慣れるまでは首を振るのではなく、拍手を2回にしてもよいでしょう。

アレンジ 3番 4「せんせいのおかお」を「△△ちゃんのおかお」などと替え歌にしても楽しめます。

2 人気の手あそび　動物　顔の部位

生き物

年齢の目安 0 1 2 3 4 5

きんぎょちゃんと めだかちゃん

作詞・作曲：不詳　編曲：平沼みゅう　振付：阿部直美

1 きんぎょちゃんと

両腕を軽く曲げて左右に開き、両膝を軽く曲げ金魚のポーズをする。

2 メダカちゃんは

両手を合わせて前に伸ばし、右足を出してメダカのポーズをする。

3 どうちがう

片手を頬に付け、もう片方の手で肘を支えて考えるポーズをとり、軽く上下にリズムを取る。

4 きんぎょちゃんは
プカプカおよぐけど

金魚のポーズで自由な方向に歩きながら、両腕を上下に動かす。

5 めだかちゃんは
チトチトおよぐんだよ

メダカのポーズで自由な方向に歩きながら、指先でつつくように動かす。

6 きんぎょちゃんと
めだかちゃんが

その場に止まり**1**の金魚のポーズをした後、**2**のメダカのポーズをする。

7 いっしょに　およげば

6と同じ。

8 プカプカ　チトチト
プカプカ　チトチト

4 **5**を大きく行なう。

この手あそび、ここが楽しい！

表現の違いを楽しもう

金魚とメダカは同じように身近な魚ですが似ていません。どう違うのかな？　体で、その違いを表現するあそびです。

ポイント **4**「プカプカ」は金魚がフワフワ泳いでいるよう、少し脱力して両腕を上下に振ります。それに対し**5**のメダカは、ツンツンと鋭く指先を前方に突きます。「脱力」と「鋭さ」の対比をユーモラスに表現するのがポイントです。

アレンジ 「えんぴつとえんとつはどう違う？」など、クイズ形式でみんなに問い掛け、おもしろい動きを引き出すなど、替え歌を作って遊んでみましょう。

数　食べ物　のりもの

年齢の目安 0 1 2 3 4 5

おべんとバス

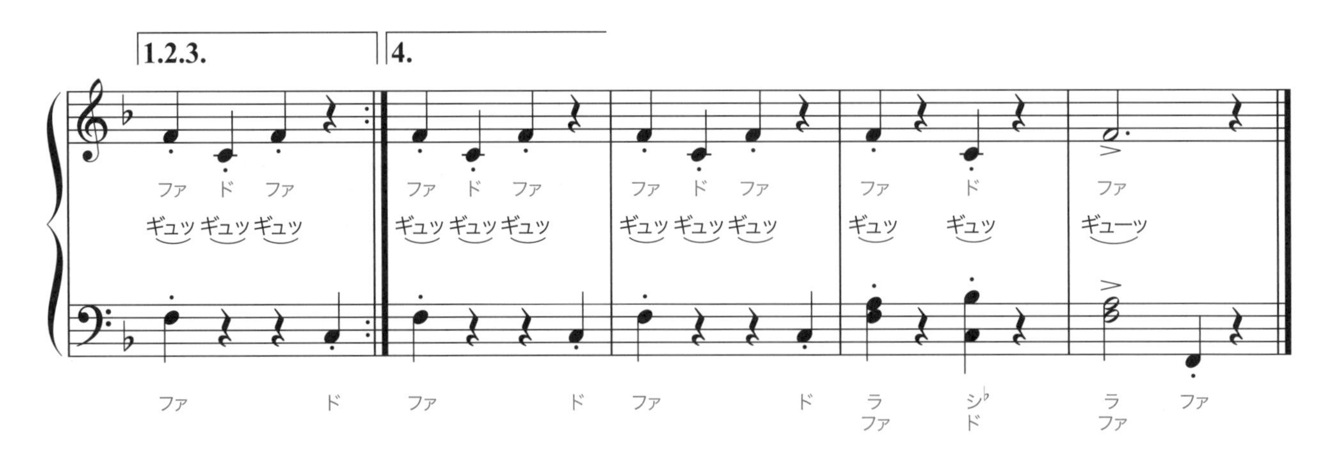

1番

1 おべんとバスが
はしります

拍手する

2 のせて　のせて
と　やってきた

片手をあげて振る。

3 いちごさん

右手の指を１本出し、次に左手の指を３本出す。

4 にんじんさん

右手の指を２本出し、次に左手の指を３本出す。

5 さくらんぼさん

右手の指を３本出し、次に左手の指を３本出す。

6 ギュッギュッ
ギュッ…ギュッ

両肘をはって、左右に揺する。

2番～**4番**

「おべんとバスが…はしります」は**1**、**2**と同様にする。「ギュッギュッギュッ…ギュッ」は、**1番**より**2番**…というように、**6**のしぐさを大きくしていく。

2番

7 しおじゃけさん

右手の指を４本出し、次に左手の指を３本出す。

3番

8 ごぼうさん

右手の指を５本出し、次に左手の指を３本出す。

9 むきえびさん

両手で６本の指を出し、次に右手で３本の指を出す。

10 なるとさん

両手で７本の指を出し、次に右手で３本の指を出す。

11 はんぺんさん

両手で８本の指を出し、次に右手の指を３本出す。

4番

12 きゅうりさん

両手で９本の指を出し、次に右手で３本の指を出す。

13 とんとんとん
とんとんとん

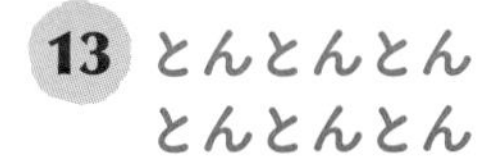

「とんとん…」は両手をグーにし、上下に打ち合わせる。

14 とうふさん

両手で10本の指を出し、次に右手で３本の指を出す。

15 ギュッギュッ
ギュッ…ギューッ

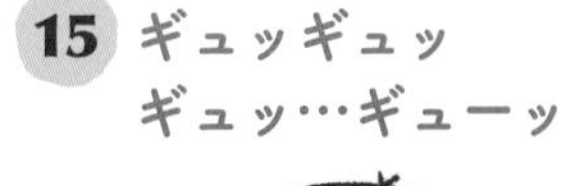

6を３番より大きなしぐさでする。

この手あそび、ここが楽しい！

物語も楽しんで

ぎゅうぎゅうづめになったおべんとバスに無理やり乗って来たのはとうふさんでした。とうふさんはつぶれてしまうのではないでしょうか…「いや、つぶれないでがんばるぞ」と言っているとうふさん…。そんなやりとりを間に入れながら歌をすすめていきます。

ポイント 繰り返しでてくる「ギュッギュッギュッ」は、１番より２番…とだんだん②の腕の振り幅を大きくします。最後の「ギューッ」は肘をはったまま大きく押すポーズで止まります。歌詞は「おべんとう」ではなく「おべんと」になっている点に注意してください。

アレンジ イカリング、にくだんご、しゅうまい、ごもくまめ、やきそば、くりごはん、とんかつなど、よりお弁当の具材に近いものの名を折り込んで歌っても楽しいでしょう。

食べ物　調理　顔の部位

年齢の目安　0 1 2 3 4 5

おにぎりできた

作詞・作曲・振付：阿部直美　編曲：平沼みゅう

1番

1 おにぎり　おにぎり　**2** ごましお　パラッ　**3** うめぼし　たらこを　チョンチョンチョン

おにぎりを握るしぐさを２回する。

ごま塩をかけるしぐさをする。

「うめぼし」で目を押さえ、「たらこ」で口をつまむ。これを繰り返す。

4 おてての　ごはんも　**5** パクパクパク

6 のりを　まいたら　**7**「グルグルグルグル」

右手、左手を順に開く。

指に付いた米粒を食べるしぐさをする。

頭を２回軽くたたく。

髪をかき上げる。

8 できあがり

「𝄽でき」で気を付け、「あが」で右手を顎に付け、「り」で左手を頭に付ける。

9「ホイ」

8 のポーズのまま、首を曲げる。

2番

1番 に準じて、**3** の動きを変える。

3 たくあん　こんぶを　チョンチョンチョン

「たくあん」で耳をつまみ、「こんぶ」でまゆ毛をつまむ。これを繰り返す。

この手あそび、ここが楽しい！

顔がおにぎりに！

自分の顔をおにぎりに見立てて触ってみましょう。遊びながら、顔の名称をしぜんに覚えることができます。

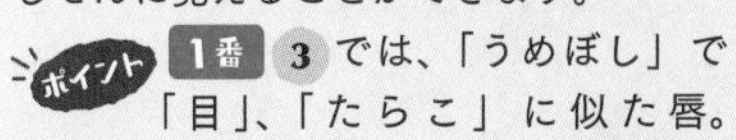

ポイント **1番** **3** では、「うめぼし」で「目」、「たらこ」に似た唇。

2番 **3** では、半分に切った「たくあん」に似た耳、黒くて長い昆布のようなまゆ毛など、歌詞の内容を話してから遊びましょう。

アレンジ 低年齢児は、保育者が子どもの顔を触って遊びます。

食べ物

年齢の目安 0 1 2 3 4 5

カレーライスのうた

1番・2番　作詞・振付：ともろぎゆきお　3番：不詳　作曲：峯　陽　編曲：平沼みゅう

1番

1 にんじん

右手の指を２本出す。

2 たまねぎ

胸の前で両手を合わせ、小さな輪を作る。

3 じゃがいも

両手を握り、頬に付ける。

4 ぶたにく

右手の人さし指で鼻を押し上げる。

2番

5 なべで

両手で大きな輪を作る。

6 いためて

右手を左右に振り、炒めるしぐさをする。

7 ぐつぐつ　にましょう

両手のひらを上に向け、握ったり開いたりを繰り返す。

1 トマト

両手を開き、左右に振る。（トマトのトを10で表す）

2 カレールウ

両手の指で四角を作る。

3 とけたら　あじみて

なべの中に指を入れて、味見をするしぐさを2回行なう。

4 しおを　いれたら

両手で、塩をなべに振り入れるしぐさをする。

5 はい　できあがり

4回拍手し、「り」で両手を前に差し出す。

3番

1 ムシャムシャ モグモグ

右手をスプーン、左手を皿に見立て、食べるしぐさをする。

2 おみずも　ゴクゴク

コップを持って水を飲むしぐさを繰り返す。

3 そしたら　ちからが

両肘を曲げ、両手をギュッと握る。

4 もりもり　わいてき

3 のポーズのまま、両手を少し反り返るくらいまで思い切り上げる。

5 た

素早く右手を少し下げ、同時に左手を上に突きあげる。

この手あそび、ここが楽しい！

キャンプのあそび歌

カレーライスができるまでを、身振りで表現したあそび歌です。キャンプのレクリエーションソングとして広まり、しぜんに3番の歌詞が付きました。

ポイント　原曲はこの譜面のように歌いますが、現在では、リーダーが「にんじん」と歌ったら、みんなが合いの手で「にんじん」と繰り返す形で遊ばれるようになりました。

アレンジ　地域によって様々な替え歌が作られ、鍋に入れる具材や手順などが異なります。特に、1番 5「なべで」は「おなべで」、2番 4「しおを」は「おしおを」と、接頭語の「お」を付けて歌われることもあります。

いわしのひらき

作詞・作曲：不詳　編曲：平沼みゅう　振付：阿部直美

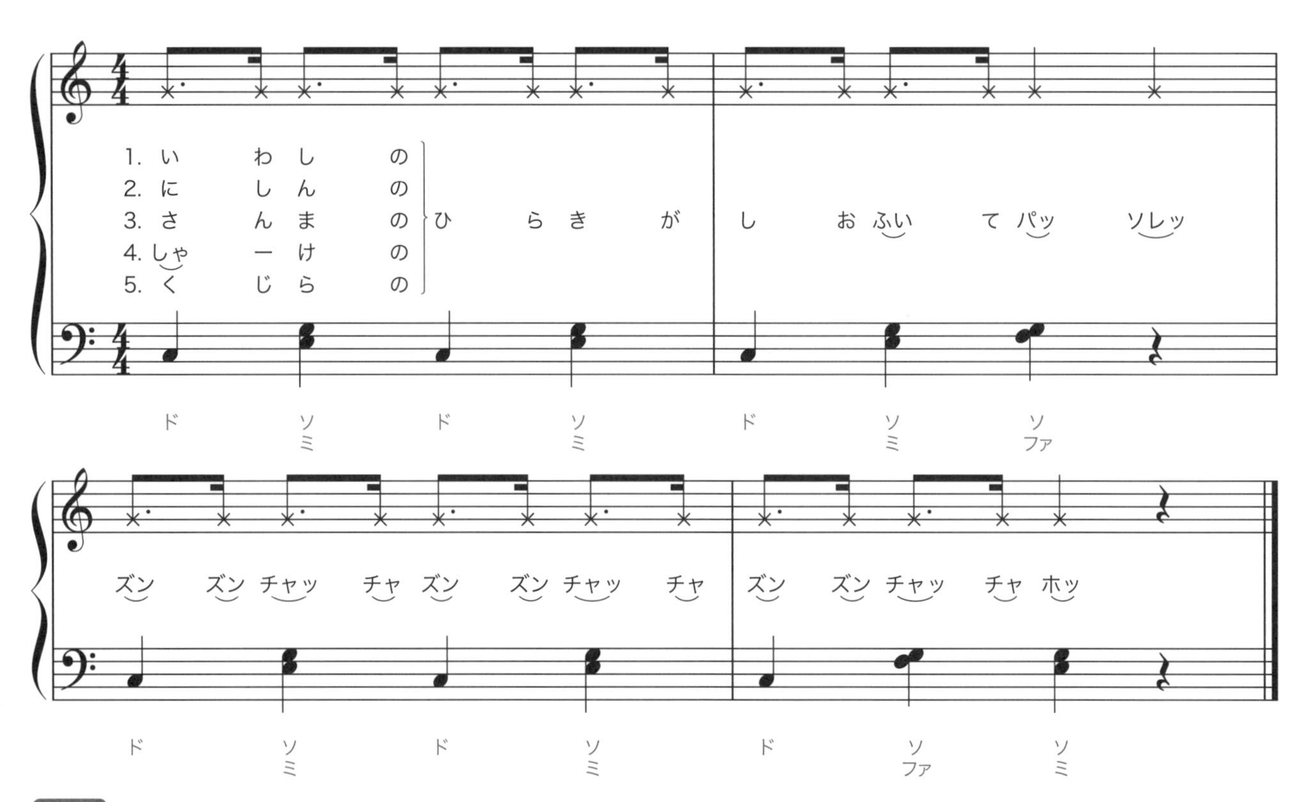

1番

1 いわしの

両手の人さし指同士を合わせる。

2 ひらきが

外側に返す。

3 しおふいて

両手をグーにする。

4 パッ　ソレッ

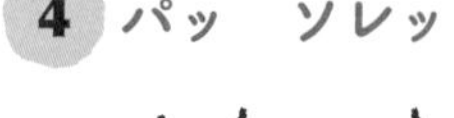

両手をパッと開いて止める。

5 ズンズン チャッチャ

腕を波のようにくねらせる。

6 ズンズン チャッチャ

反対の腕も同じ。

7 ズンズン チャッチャ

5と同じ。

8 ホッ

手の甲を頬に添える。

2番

1 にしんの

両手の人さし指と中指を揃えて合わせる。

2 ひらきが

外側に開く。

3～8は1番と同じ。

この手あそび、ここが楽しい！

魚の名称ユーモアソング

潮を吹き出すはずのない魚の開きが、なぜかパッと潮を吹くユーモアソング。魚の名称と指の数が掛け詞になっています。

ポイント 昭和の後半に作られた手あそび歌ですが、作者不詳の為、多くの替え歌が作られています。5～8「ソレ　ズンズン　チャッチャ…」の部分を最初に歌ってから、1「いわしのひらきが…」につなげて歌う場合もあります。

アレンジ 魚の「ひらき」はどんな形をした物なのか、共通理解をした上で遊びに入りましょう。8「ホッ」は、顔の表情も付けて、楽しく、おもしろい表現を工夫してみましょう。

3番

1 さんまの

両手の3本指を揃えて合わせる。

2 ひらきが

外側に開く。

3～8は1番と同じ。

4番

1 しゃけの

両手の4本指を揃えて合わせる。

2 ひらきが

外側に開く。

3～8は1番と同じ。

5番

1 くじらの

両手の5本指を揃えて合わせる。

2 ひらきが

外側に開く。

3 しおふいて

両手を下におろす。

4 パッ

両手を素早く上げる。

5～8は1番と同じ。

食べ物　集会　掛け合い

年齢の目安 0 1 2 3 4 5

こんやはごちそう

作詞・作曲・振付：阿部直美　編曲：平沼みゅう

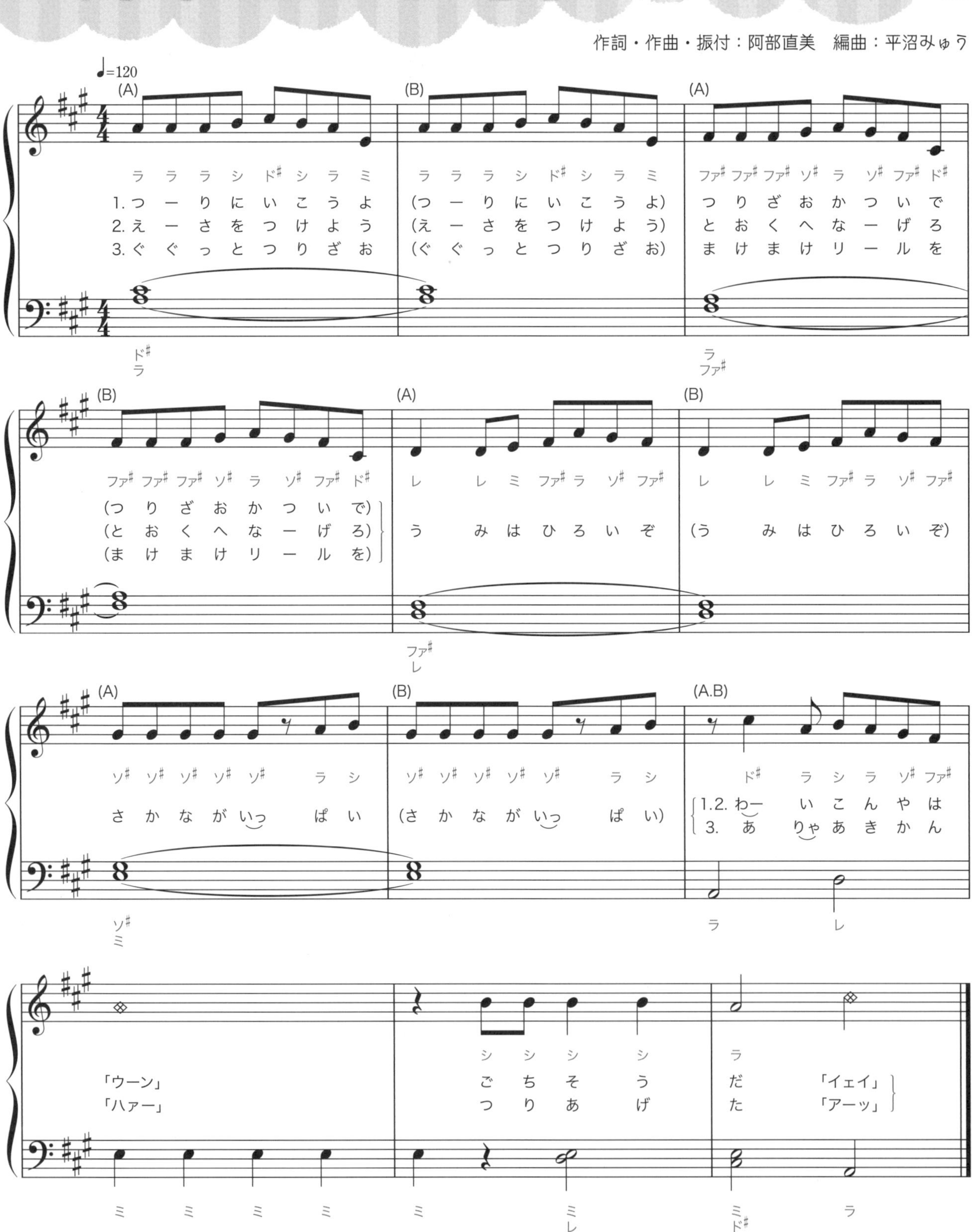

●リーダー（A）がみんな（B）の前に立つ。

1番

1 つりに　いこうよ（つりに　いこうよ）

Aがこぶしを振る。次にBがまねをする。以下4まで同様。

2 つりざお　かついで（つりざお　かついで）

釣りざおをかつぐしぐさをする。

3 うみは　ひろいぞ（うみは　ひろいぞ）

両手を体の前で大きく広げる。

4 さかなが　いっぱい（さかなが　いっぱい）

両手のひらを合わせ、自由な方向に2回突き出す。

5 わーい　こんやは

A、B一緒に両手を交差して回す。

6「ウーン」

A、B一緒に舌なめずりをしながら顎をなでる。

7 ごちそうだ

A、B一緒に4回拍手をする。

8「イェイ」

A、B一緒にVサインを出す。

2番

1 2の動きを変え、3以降は1番と同じ。

1 えさを　つけよう

針にえさを付けるしぐさをする。

2 とおくへ　なげろ

遠くへ投げ込むしぐさをする。

3番

1 ぐぐっと　つりざお

釣りざおを引くしぐさをする。

2 まけまけ　リールを

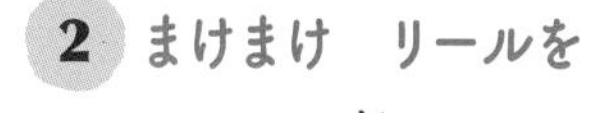

リールを巻くしぐさをする。

3 うみは　ひろいぞ

4 さかなが　いっぱい

1番の3 4と同じ。

5 ありゃ　あきかん

両手を交差して回し、びっくりしたしぐさをする。

6「ハァー」

体をふにゃふにゃと揺らす。

7 つりあげた

4回拍手をする。

8「アーッ」

残念そうなポーズをする。

この手あそび、ここが楽しい！

掛け合いまねあそび

みんなの前にリーダーが立ち、みんなはその歌としぐさを掛け合いでまねします。多人数の集合時や誕生日会などの幕間の気分転換にも役立つ曲です。

ポイント 繰り返し出てくる3 4「うみはひろいぞ　さかながいっぱい」は1番より2番、2番より3番と動作を大きくすると、遊びに変化が付きユーモア感が増します。

アレンジ あそびの前に「今日は、こんな大きいマグロを釣りに行こう」など、魚の名前を決めて、それに合わせたしぐさを工夫しても楽しいでしょう。

食べ物　買い物　掛け合い

年齢の目安 0 1 2 3 4 5

やおやのおみせ

作詞：不詳　訳詞：シマダナオミ　フランス民謡　編曲：平沼みゅう　振付：阿部直美

この手あそび、ここが楽しい！

ルーツはカナダ

カナダのフランス語圏で歌われていた『ひばり』が、日本では、やおやさんの設定で歌われるようになった曲です。

ポイント 野菜の名称は、「パプリカ　プリプリ」「とうがん　がんがん」など、新しい野菜、珍しい野菜を取り上げて笑いを誘っても楽しいでしょう。

アレンジ たくさんの野菜の名前を覚えたら、紙の表に野菜、裏にシルエットを描き、シルエットを見て野菜を当てるクイズをしてもよいでしょう。

なにかな？　とうがん

●リーダー（A）がみんな（B）の前に立つ。

1番

1 やおやの　おみせに
ならんだ　しなもの
みてごらん

全員で歌に合わせて拍手する。

2 よくみてごらん

全員で順番に品物を指さすように、人さし指を動かす。

3 かんがえてごらん

全員で片手を頭に付け、考えるしぐさをする。

4 トマト　トントトン

Aが「トマト」と歌い、「トントトン」は両手をグーにして上下に打ち合わせる。

5 トマト　トントトン

BはAのまねをする。

6 あーあ

全員で両手を上げてからおろす。

2番

1番に準じて、4 5の動きを変える。

4 きゅうり
キュッキュッキュッ

Aは「キュッキュッキュッ」できゅうりをイメージして体を曲げる。

5 きゅうり
キュッキュッキュッ

BはAのまねをする。

3番

1番に準じて、4 5の動きを変える。

4 もやし　モジャモジャ

Aは「モジャモジャ」で両手の指をくすぐるように動かす。

5 もやし　モジャモジャ

BはAのまねをする。

4番

1番に準じて、4 5の動きを変える。

4 キャベツ　ベツベツ

Aは「ベツ」で片手を、次の「ベツ」でもう片方を重ねるように頭にのせる。

5 キャベツ　ベツベツ

BはAのまねをする。

5番

1番に準じて、4 5の動きを変える。

4 こまつな　こまったな

Aは「こまったな」で片手をグーにして頬に当てる。

5 こまつな　こまったな

BはAのまねをする。

食べ物　数　買い物

年齢の目安 0 1 2 3 4 5

5つのメロンパン

訳詞：中川ひろたか　イギリス民謡　編曲：平沼みゅう　イギリスのあそびうた

1番

1 パンやにいつつのメロンパン

５本の指を出す。

2 ふんわりまるくて

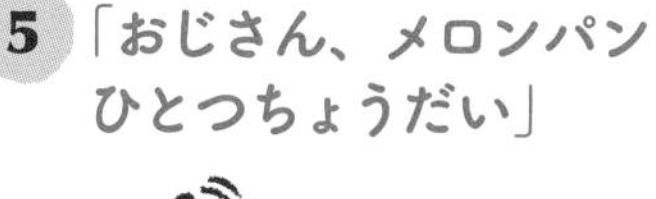

両手で丸いパンを作る。

3 おいしそう

両手を頬に付け、おいしそうにする。

4 こどもがおみせにやってきて

人さし指を子どもに見立て、５つのパンに近付けていく。

5「おじさん、メロンパンひとつちょうだい」

人さし指を揺らし、話し掛ける。

6「ハイ、どうぞ」

人さし指を使って、パーにした指をひとつ曲げる。

7 メロンパンひとつかってった

人さし指を振りながら離していく。

2番

1番に準じて、**1** **4** **5** は４本の指で行なう。

3番

1番に準じて、**1** **4** **5** は３本の指で行なう。

4番

1番に準じて、**1** **4** **5** は２本の指で行なう。

5番

1番に準じて、**1** **4** **5** は１本の指で行なう。

6番

1 パンやにゼロこのメロンパン

５本の指を握って、グーを出す。

2 ふんわりまるくて

3 おいしそう

1番の **2** **3** と同じ。

4 こどもがおみせにやってきて

人さし指を子どもに見立て、グーの手に近付けていく。

5「おじさん、メロンパンひとつちょうだい」

人さし指を揺らし、話しかける。

6「もうないよ」

グーを左右に振る。

7 なんにもかわずにかえってった

しょんぼりと人さし指を振りながら離していく。

この手あそび、ここが楽しい！

数の指あそび

５つのメロンパンが１コ売れたら、後はいくつ残るかな？指で数を表わしながら遊びます。

ポイント **5** **6** のせりふの部分では、パン屋のおじさんと子どものやり取りを声色を変えて表現すると、あそびが生き生きとしたものになります。

アレンジ パンの数が減っていく様子がよく分かるように、５つのパンの絵カードを作り、１つずつ減らして見せてもよいでしょう。

食べ物　数

年齢の目安　0 1 2 3 4 5

ピクニック

作詞：不詳　アメリカ民謡　編曲：平沼みゅう

1 1と5で

右手で１本、左手で５本の指を出す。

2 たこやきたべて

つまようじに刺したタコ焼きを食べるしぐさをする。

3 2と5で

右手で２本、左手で５本の指を出す。

4 やきそばたべて

右手を箸にして焼きそばを食べるしぐさをする。

5 3と5で

右手で3本、左手で5本の指を出す。

6 スパゲティたべて

右手をフォークにしてスパゲティを食べるしぐさをする。

7 4と5で

右手で4本、左手で5本の指を出す。

8 アイスをたべて

右手をスプーンにしてアイスクリームを食べるしぐさをする。

9 5と5で

両手の指を5本出す。

10 おにぎりつくって

おにぎりを握るしぐさをする。

11 ピクニック

両手をグーにし、走るように腕を前後に振る。

12 ヘイ

こぶしを元気よく上げる。

この手あそび、ここが楽しい！

最後は楽しいピクニック

原曲は『10人のインディアン』ですが、替え歌のため、繰り返しが増えています。各地でいろいろな歌詞が作られていますが、最後はどれも「ピクニック」になっています。

ポイント 右手をつまようじ、箸、フォーク…などに見立てて、これを使って食べる食べ物を当てはめていきます。2本指で食べられる物は、焼きそばでもラーメンでもそう麺でもかまいません。食べ物を子どもたちと考えながら、遊んでみましょう。

アレンジ 紙でタコ焼きや焼きそばを作り、レストランごっこに発展させましょう。紙皿の上に料理をのせたら、つまようじや箸など、使用する道具も忘れずに。

食べ物　買い物　ふれあい

年齢の目安　0 1 2 3 4 5

パンやさんにおかいもの

作詞：佐倉智子　作曲：おざわたつゆき　編曲：平沼みゅう　振付：阿部直美

いきいきと

●2人組になり、向かい合う。1人がパン屋さんに、もう1人がお客さんになる。

1番

1 パンパン　パンやさんにおかいもの

歌に合わせて拍手する。

2 サンドイッチに

お客さんは両手でパン屋さんの頬を挟む。

3 メロンパン

お客さんはパン屋さんの両目を下げ、あかんべえのようにする。

4 ねじりドーナツ

お客さんはパン屋さんの鼻をねじるしぐさをする。

5 パンのみみ

お客さんはパン屋さんの両耳を軽く引っ張る。

6 チョコパン　ふたつ

お客さんはパン屋さんの脇の下をくすぐる。

7 ください

2回拍手する。

8 な

手のひらを上に向け、それぞれ相手に向かって出す。

2番

1番の動きを、パン屋さんがお客さんにする。

この手あそび、ここが楽しい！

パンの顔でふれあいあそび

パン屋さんとお客さんに分かれ、互いの顔をパンに見立てて触る、人気のふれあい歌あそびです。親子の集いにも使えます。

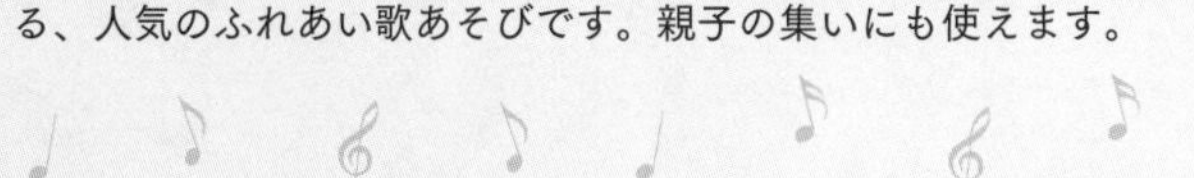

ポイント 最初1番は、お客さんがパン屋さんの顔を触ります。2番は、今触られた強さを元に、「倍返し、しちゃうぞ」といった雰囲気を出しながらパン屋さんがお客さんを触ると、あそびに臨場感が生まれ、より楽しくなります。

アレンジ 親子で2人組になり、1は両手をつないで一回りします。2～6は、大人が子どもの顔を触り、7 8で両手をつないでその場で4回ジャンプしてみましょう。運動会や誕生日会の低年齢児向きダンスとしても使えます。

食べ物 数

年齢の目安 0 1 2 3 4 5

いちじく にんじん

わらべうた　編曲：平沼みゅう

1番

1 いちじく

指を１本出す。

2 にんじん

指を２本出す。

3 さんしょで

指を３本出す。

4 しいたけ

指を４本出す。

5 ごぼうに

指を５本出す。

6 むきぐり

両手で指を６本出す。

7 なっぱに

両手で指を７本出す。

8 やつがしら

両手で指を８本出す。

9 くわいに

両手で指を９本出す。

10 とうなす

両手で指を 10 本出す。

11 すっとんとん

大きく３回拍手する。

この手あそび、ここが楽しい！

数と野菜の掛けことば歌

元は、1 から 10 までの数を唱えながらおはじきを取るための「かぞえ歌」です。「いちじく」が「1」と掛けことばになっているおもしろさを伝えてからあそびに入りましょう。

ポイント 全体的に符点音符を生かし、弾んで歌います。「いち」「に」「さん」「しい」と、数を表わす部分に軽くアクセントを付けて歌い、同時に指を出します。リズムに乗り遅れないように出すと、めりはりがつきます。

アレンジ 昭和の初期から歌い継がれているわらべうたなので、耳慣れない野菜の名前を入れて歌われる地域もあります。「むきぐり」は「むかご（やまいもの珠芽）」、「とうなす」は「とうがん（冬瓜）」と歌われます。ちなみに「とうなす（唐茄子）」は関東地方で使われる言い方でカボチャのことです。

2 人気の手あそび

食べ物　形　大小

年齢の目安 0 1 2 3 4 5

おでん

作詞・振付：阿部　恵　作曲：家入　脩　編曲：平沼みゅう

1番

1 ちいさなおでんを つくります

体の前で小さく７回拍手する。

2 トントントン

右手を包丁、左手をまな板に見立て、切るしぐさをする。

3 まんまるは

両手の人さし指と親指で輪を作る。

4 だいこんさん

伸ばした左腕を右手で上から下へなで、まな板から落とすしぐさをする。

5 トントントン　さんかくは ハンペンさん

2 のしぐさの後、両手で三角を作り、4 のしぐさをする。

6 トントントン　しかくは こんにゃくさん

2 のしぐさの後、両手で四角を作り、4 のしぐさをする。

7 トントントンと グツグツにれば

2 のしぐさの後、手のひらをすぼめたり、開いたりしながら上下に動かす。

8 トントントンと

2 と同じ。

9 できあがり

両手を開いて顔の前で小さな輪を描く。

10 モグ！

食べるしぐさをする。

2番

1番の動きを、大きくする。

3番

1番の動きを、2番より大きくする。

この手あそび、ここが楽しい！

指で作るおでんの形

おでんの具にはいろいろなものがあります。指で具材を表現してみましょう。あそびを通して、丸、三角、四角など図形の理解にもつながります。冬の楽しい手あそび歌です。

ポイント 1番「ちいさなおでん」は、歌声もしぐさも小さく、3番「おおきなおでん」は、とても大きく表現して、大、中、小の違いを楽しみましょう。

アレンジ 繰り返し出てくる「トントントン」は、本当に切っているような表情としぐさをします。小さな物は小さく、大きな物は力を入れて大きく切るなど工夫してみましょう。

食べ物 数

年齢の目安 0 1 2 3 4 5

フルーツパフェ

作詞・作曲・振付：阿部直美　編曲：平沼みゅう

1 いちご

「1」の次に手を変えて、「5」を出す。

「3」を出す。

3 マスクメロン

4 キウイに

口を押さえマスクのポーズ。次に、両目を指さし、次に素早く「6」を出す。

「9」と「1」を出す。

5 バナナ

いないいないバアをしてから、
「7」を２回出す。

6 パイナップル　ルンルンルン

「8」、「1」、「7」と出し、「ルンルンルン」で「7」のまま３回輪を描いて振る。

7 クリーム

「9」と「1」を出す。

8 のせて

両手を合わせて頭の上にのせる。

9 フルーツパフェ

曲に合わせて体を左右に揺らす。

この手あそび、ここが楽しい！

数と果物の掛けことば歌

「いちご」は「1」、「みかん」は「3」…と、ことばと数字が掛けことばになっています。その間に「マスクメロン」などのユーモラスな動作が入っている、子どもから大人まで楽しめる指あそびです。

ポイント **4**「キウイ」は「キューイ」と歌って「9」と「1」を出します。**7**「クリーム」は「クリイム」と歌って「9」と「1」を出します。「1」を出すタイミングがちょっと難しい…。そのやりにくさを楽しむあそびです。はじめはゆっくり、次第にテンポアップしてみましょう。

アレンジ ２人組になって向かい合って座ります。相手の動作を見ながら、２人が同じタイミングで同じ動作ができるか、確かめながらやっても緊張感が出て楽しめます。

食べ物　調理

年齢の目安 0 1 2 3 4 5

たまごで おりょうり

作詞：佐倉智子　作曲：わしづなつえ　編曲：平沼みゅう　振付：阿部直美

★の「たまごをポン」は、２番は２回、３番は３回、４番は自由に何回も繰り返す。

1番

1 たまごを

手のひらを上にして、両手を広げる。

2 ポンと

大きく１回拍手する。

3 わりまし

両手で両膝を１回たたく。

4 て

1 と同じ。

5 そのまままたべたら

両手をひらひらさせながら、上から下へおろす。

6 なまたまご

右手の人さし指と中指を箸に、左手を茶碗に見立てて食べるしぐさをする。

2番

1 たまごをポン

2 たまごをポンと

1番 の 1 2 を２回繰り返す。3 以降は、1番 に準じて、6 の動きを変える。

6 めだまやき

両手の親指と人さし指で輪を作って目に当てる。

3番

1 たまごをポン

1 と同じ動きの後、「ポン」で、手をたたくと見せかけて空振りする。

2 たまごをポン たまごをポンと

3番 1 の空振りを２回繰り返す。

3 わらない

1番 3 と同じ。

4 で

手を振って、否定のしぐさをする。

5 グラグラ ゆでたら

1番 の 5 と同じ。

6 ゆでたまご

右手をグーにして三角形を描くように振る。

4番

1 たまごをポン…

2 たまごをポンと

1番 の 1 2 を何回も繰り返す。

3 わりまし **4** て

5 ふっくらやいたら

1番 の 3 4 5 と同じ。

6 ホットケーキ おおきなまあるい ホットケーキ

頭の上で大きな輪を３回作る。

この手あそび、ここが楽しい！

フェイントをユーモラスに

卵料理にはどんなものがあるのか、みんなで話し合ってみましょう。卵を割ったり、割らなかったり…といったフェイントがあるユーモラスな手あそびです。

ポイント 1 2「たまごをポン」は 1番 は１回、2番 は２回拍手。3番 は、３回空振り拍手…と、変化する点に注意しましょう。

1979年に小鳩くるみの歌唱で、ビクターから日本で初めて「手あそび歌」というテーマでレコード化された作品で、本書の楽譜が原曲です。

アレンジ 慣れるまでは、座って上半身だけで行ないますが、慣れてきたら、立って体全体を使ってやってみましょう。その場合 5 は足踏みしながら動作をします。

食べ物

年齢の目安 0 1 2 3 4 5

おしゃれなもやし

作詞・作曲：中谷真弓　編曲：平沼みゅう　振付：阿部直美

●保育者と子どもが向かい合う。

1 まめからめがでた

グーに握った両手から、人さし指を立てる。

2 にょきにょきのびた

右手と左手を交互に上げる。

3 あたまにちいさい リボンをつけた

人さし指を頭の上で交差させて、４回打ち合わせる。

4 おしゃれなもやしは

人さし指を交差させたまま、残りの指を開いて軽くリズムを取る。

5 もじゃもじゃもじゃもじゃ もじゃもじゃもじゃ

指先を曲げて小刻みに動かしながら、手を前に伸ばしてくすぐり合う。

この手あそび、ここが楽しい！

モヤシはおしゃれ！

モヤシは小さいけれどリボンのような双葉が付いて、とってもおしゃれ！　指でかわいいモヤシを表現してみましょう。

ポイント　**5**「もじゃもじゃ…」は、相手を思いっ切りくすぐりましょう。

アレンジ　豆の水栽培をして、芽が出て双葉が付く様子を子どもたちに見せると、より表現しやすくなるでしょう。

食べ物　ゲーム

年齢の目安 0 1 2 3 4 5

たいやきたこやき

作詞：阿部直美　作曲：近藤恵子　編曲：平沼みゅう　振付：阿部直美

1番

1 たいやきくんと

右手をパーにして前へ出す。

2 たこやきくんが

左手をグーにして前へ出す。

3 かけっこしたよ

グーの手を腰に付けて、かけっこの「用意」のポーズをする。

4 どっちがどっちが どっちがどっちが はやいかな

左手をパーにして前に、右手をグーにして腰に付ける。次に、右手をパーにして前に、左手をグーにして腰に付ける。以上を繰り返す。

2番

1番の手とは逆に、出す手をグー、腰に当てる手をパーにして行なう。

この手あそび、ここが楽しい！

やりにくさが楽しい！

パーの手はタイ焼き、グーの手はタコ焼きです。1番はやさしい動きなのに、2番になるとなぜか動きがぎこちなくなる。そのやりにくさを楽しむリズムゲームです。

ポイント 初めはゆっくりやってみましょう。特に2番は、出す手が入れ替わったことが分かるように、ゆっくり出します。

アレンジ 子どもだけでなく、大人も思わず手を間違えてしまうユーモラスなリズムあそびです。保護者会などの始めに、みんなで遊んでも場が和みます。

食べ物

年齢の目安 0 1 2 3 4 5

せんべせんべ

わらべうた　編曲：平沼みゅう　振付：阿部直美

●保育者とみんなが向かい合う。

1 せんべせんべ　やけた

子どもは手の甲を上に向け、保育者の方に出す。保育者は歌いながら拍手をする。

2 どのせんべ　やけた

子どもは手のひらを見せる。保育者は1と同じ。

3 このせんべ　やけた

保育者は子どもの手のひらを人さし指でひとつずつ突き、最後の「た」で止まった手が焼けたせんべいとなる。

4 ムシャムシャムシャ

保育者は焼けたせんべいを食べるしぐさをする。

この手あそび、ここが楽しい！

手をせんべいに見立てて

「せんべ」は、「せんべい」のことです。子どもの手のひらをせんべいに見立てたあそびです。

ポイント 4「ムシャムシャムシャ」では、保育者は焼けたせんべいの手をおいしそうに食べるしぐさをしましょう。

アレンジ 本来は、「ずいずいずっころばし」などと同じ、鬼決めあそびの歌で、最後に手を突かれた子がかくれんぼの鬼の役になります。多人数の子どもでこのあそびをするとき、保育者は1から子どもの手を突きはじめるとよいでしょう。

食べ物　大小　数

年齢の目安 0 1 2 3 4 5

なっとう

作詞・作曲：不詳　編曲：平沼みゅう

ゆっくりねばって

1 なっとうなっとう　ねーばねば
なっとうなっとう　ねーばねば

両手で豆の形を作って左右に振る。次に指先から糸が出ているように左右に引く。これを2回繰り返す。

2 おおつぶ　なっとう

両手で大きな豆の形を作る。

3 こつぶ　なっとう

両手で小さな豆の形を作る。

4 おかめ　なっとう

両手を握り、頬をギュッと押す。

5 みと　なっとう

右手で「3」の指を出し、次に両手で「10」を出す。

この手あそび、ここが楽しい！

御当地の納豆！

昭和になってから作られたあそび歌で、納豆の商品名を折り込んで歌われています。御当地の納豆名を入れてみましょう。

ポイント　最後の5「みとなっとう」は、見えを切るように大きな声としぐさでやってみましょう。

アレンジ　「水戸」と言えば「水戸黄門」。黄門様の決まり手は「印籠」なので、5「みとなっとう」のしぐさは、片手に印籠を持って見せるポーズを取ることもあります。

食べ物

年齢の目安 0 1 2 3 4 5

なっとう とうさん

作詞・作曲・振付：阿部直美　編曲：平沼みゅう

●保育者と子どもが向かい合う。

1番

1 なっとうとうさん つよいぞ　つよい

両手をつなぎ、上下に４回振る。

2 ねばりづよ

両手をつないだまま、交差させ２回振る。

3 い

両手をつないだまま、大きく左右に開く。

4 ぐるぐるかきまぜ

手を離し、それぞれかいぐりをする。

5 ねー

両手の指を組む。

6 ばねば

両手のひらを波打つように動かしながら左右に大きく開く。

7 どんなことでも

4と同じ。

8 ねばって　ねばって

5 6のしぐさを繰り返す。

9 あきらめない

1と同じ。

10 なっとうとうさん

「なっとうとう」は2と同じ、
「さん」は3と同じ。

11 ねばねばー

互いの脇をくすぐり合う。

2番

1番と同じ。

3番

1番と同じ。

この手あそび、ここが楽しい！

粘りの表現がコツ

とても粘り強い納豆のお父さん。どのくらい粘っているのかを指だけでなく、体を大きく使って表現してみましょう。

ポイント 2・5・7小節目には♩(テヌート）が付いています。この音を十分保つようにして跳ねないで歌うと、粘り感が出せます。また、４小節目の「いーーーー」の半音は正しく音を取りましょう。

アレンジ 低年齢児のあそびとしても楽しめますが、4・5歳児の保育参観などに親子で行なっても愉快なふれあいあそびです。テンポを少し落として、粘っている様子を出すと盛り上がります。

いつでも　挨拶

年齢の目安　0 1 2 3 4 5

まがりかど

作詞：倉橋惣三　作曲：室崎琴月　振付：阿部直美　編曲：平沼みゅう

1番

1 たろうさんが かけてきた

右人さし指を立て、体の中央へと動かす。

2 じろうさんも かけてきた

1と同様に、左人さし指を体の中央へと動かす。

3 まがりかどで ぶつかった

両手の人さし指を４回打ち合わせ次に開く。これをくり返す。

4 「じろうさん…たろうさん　ごめんなさい」

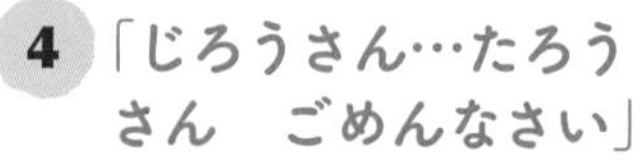

右人さし指を左に向けておじぎのように曲げる。次に左人さし指を曲げる。

5 ごめんなさいが ぶつかって

3に同じ。

6 りょうほう いっしょに

大きく１回拍手をし、その手を横に広げる。

7 はっはっは

広げた両手を顔の横で３回振る。

この手あそび、ここが楽しい！

あぶないよ、気をつけて

日本の幼児教育の父と言われる倉橋惣三（1882-1955年）の作品。幼児の生活指導の必要性を歌っています。

ポイント 「まがりかどで」の前の８分休符に注意してリズムをとって歌いましょう。

アレンジ 「たろうさん」を「とうさんブタ」などに歌い替えて遊ばれることもありますが、この譜面が原曲です。

ホキポキダンス

作詞：不詳　アメリカの遊び歌　編曲：平沼みゅう

1番　●保育者が皆の前に立つ

1 ラララ　みぎて…みぎてを

「ラララ」は歌い、「みぎて」から右手を自由に振る

2 くるくるポン

右手を空中で自由に回し「ポン」で拍手をする。

3 ホーキポーキ…おどりましょう

両手を上げて腰を左右に振る。

4 ランラララララン

かけ足でひとまわりする。

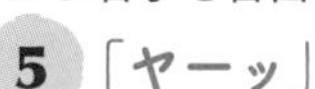

自由なポーズで止まる。

この手あそび、ここが楽しい！

パーティーを盛り上げよう！

原曲はアメリカのパーティーソングゲームで、「ホーキーポーキー」というタイトルです。

ポイント 「ヤーッ」のあとすぐ曲の始めにもどり、2番は「ひだりて」、3番は「みぎ足」…と歌を替えて遊びます。

アレンジ 輪になって遊んでも楽しいでしょう。その場合、1 2 3は体を輪の中央に向けます。4は手をつなぎ輪になって左に歩きます。

2 人気の手あそび

動物 ゲーム

年齢の目安 0 1 2 3 4 5

こぶたはどこさ

作詞・振付：佐倉智子　作曲：おざわたつゆき　編曲：平沼みゅう

1番 ●2人組みになって向き合う。

1 うちのこぶたが　にげだした

拍手しながら歌う。

2 どこさ　ここさ

Aは「どこさ」で、右方向を、「ここさ」で左方向を指さす。Bは首だけ、さされた方向をむく。

3 あっちだ

Aは人さし指をBの目の前に出す。

4 ホイ

Aは、左右上下どちらかをさす。Bは、つられないよう、右をさされたら左、上なら下を素早く向く。

この手あそび、ここが楽しい！

「あっちむいてホイ」の上級編

「あっちむいてホイ」を同じ遊びですが、わざと相手がつられてしまうように、2では相手の指示通りに首を動かし、4では反対方向に動かします。慣れるまでは2の動作を1と同じにしてもよいでしょう。

ポイント Aが上を指したらBは反対方向(下)を向きます。同様に右なら左を向きます。上なら下、下なら上、右なら左、左なら右と向くというルールを覚えてから始めましょう。

アレンジ 子ども同士はもちろん、親子で、保護者同士でなど、様々な組み合わせでも楽しめます。

おちゃらか

わらべうた　編曲：平沼みゅう

1番 ●2人組みになって向き合う。

1 おちゃらか　おちゃらか　おちゃらか

ＡＢの動作を３回繰り返す。

2 ホイ

ジャンケンをする。

3 おちゃらか

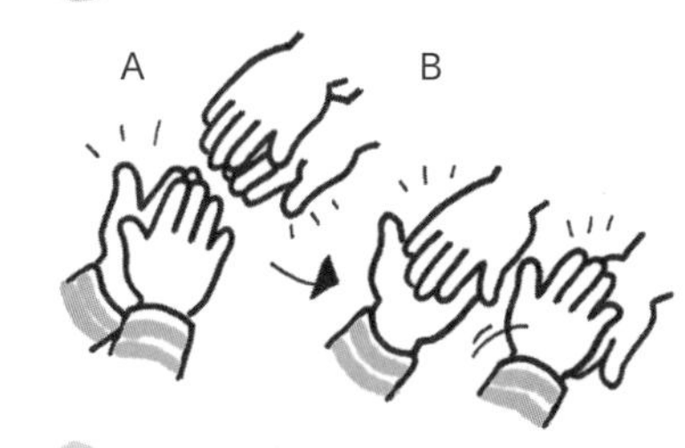

1と同じ動作を１回する。

4 かったよ（まけたよ）（どうじで）

おじぎをする。両手を上にあげる。

あいこのときは、２人とも手を腰にあてる。

5 おちゃらか

1と同じ動作を１回する。

6 ホイ

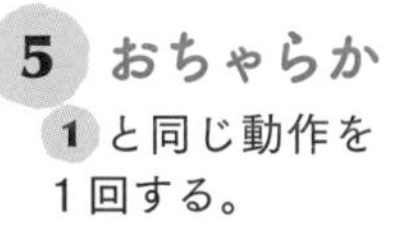

ジャンケンをする。

この手あそび、ここが楽しい！

スピードが大事！

はじめはとてもゆっくりと、次第に速くしてゆき最後には超高速にしましょう。高速でも勝ち負けの判断ができるかな？　やりにくさを楽しむ遊びです。

ポイント　4のかったよ（まけたよ　どうじで）は、２人が同時に歌い動作をします。相手の歌につられないようにしましょう。

アレンジ　「どうじで」は最近では「あいこで」と歌われることもあります。

いつでも　集会

年齢の目安 0 1 2 3 4 5

手をたたきましょう

訳詞：小林純一　チェコ民謡　編曲：平沼みゅう

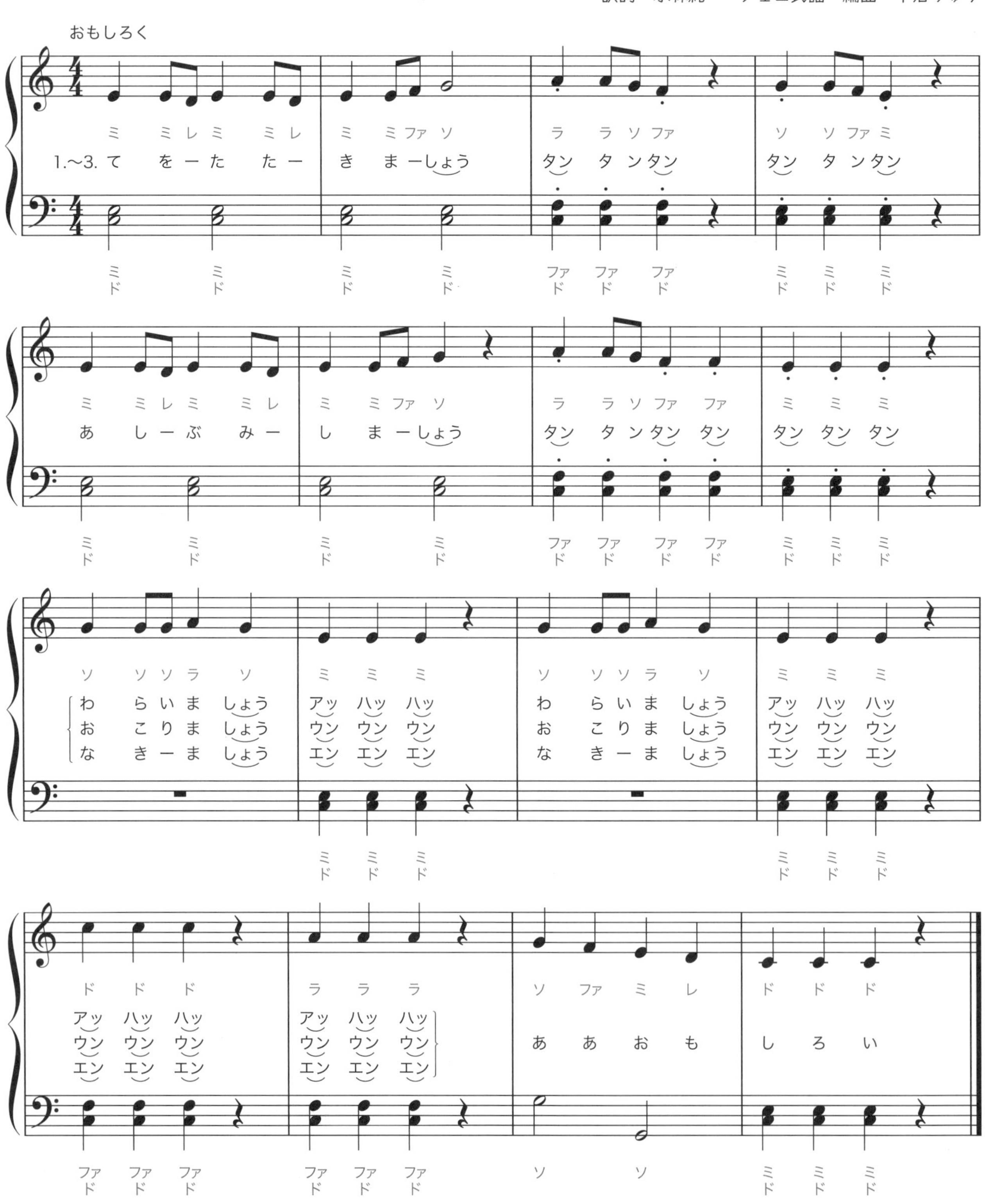

1番

1 てをたたきましょう
タンタンタンタンタンタン

「てをたたきましょう」は歌い、「タンタンタンタンタンタン」は拍手をする。

2 あしぶみしましょう
タンタンタンタンタンタンタン

「あしぶみしましょう」は歌い、「タンタンタンタンタンタンタン」は足踏みをする。

3 わらいましょう　アッハッハッ
わらいましょう　アッハッハッ
アッハッハッ　アッハッハッ

「わらいましょう」は歌い、「アッハッハッ」は両手を広げ笑うしぐさをする。

4 ああ　おもしろい

両手を頭の上にあげ、ひらひら振りながらおろす。

2番

1番に準じて、3で「おこりましょう」は歌い、「ウンウンウン」は腕を組んで怒るしぐさをする。

3番

1番に準じて、3で「なきましょう」は歌い、「エンエンエン」両手を目に当てて泣くしぐさをする。

この手あそび、ここが楽しい！

喜怒哀楽の表情を見せる

まねをすることが楽しくなった頃にやってみたい歌あそびです。保育者が喜怒哀楽の表情を、おもしろくやって見せましょう。

ポイント 子どもの前に保育者が立ち、しぐさをまねながら遊びます。慣れてきたら、胸の前で拍手をするだけでなく、左右で手をたたくなど動作に変化を付けると、より楽しくなります。1番3「アッハッハッ」は笑いながら、隣の友達の顔を見るようにすると、表情の幅が広がるきっかけになります。

アレンジ 1番3「わらいましょう　アッハッハッ」を「なわとびしましょう　ピョンピョンピョン」など、詞を替えて遊んでみましょう。

いつでも　集会

年齢の目安 0 1 2 3 4 5

むすんでひらいて

作詞：不詳　作曲：J.J. ルソー　編曲：平沼みゅう

1 むすんで

両手を握り、上下に軽く４回振る。

2 ひらいて

手を開いて、上下に軽く４回振る。

3 てをうって

４回拍手する。

4 むすんで

手を握って、３回上下に振る。

5 またひらいて

6 てをうって

2 **3** と同じ。

7 そのてをうえに

両手を開いて上にあげる。

8 むすんで

9 ひらいて

10 てをうって

11 むすんで

1～**4** と同じ。

この手あそび、ここが楽しい！

元はルソーのオペラ曲

18 世紀、フランスの教育思想家で作曲家でもあったルソーのオペラの曲が、日本に伝わり、広く歌われるようになったと言われています。

ポイント 子どもができるグーとパーの振りで構成されているあそびなので、低年齢児も楽しむことができます。**7**「うえに」の𝄐（フェルマータ）は、「に」の音を伸ばし、子どもたちが手を上げるのを待ちます。全員、手が上がったのを見届けてから、また **1**「むすんで……」のメロディーに戻りましょう。

アレンジ 慣れてきたら、「その手をひこうきに」と歌って、手を広げてポーズをするなど、表現するものを替えて遊びます。

2 人気の手あそび

いつでも　集会

年齢の目安 0 1 2 3 4 5

こどもとこどもが

わらべうた　編曲：平沼みゅう

♩=90 急がずに

1 こどもとこどもが けんかして

両手の小指同士を４回打ち合わせる。

2 くすりやさんが とめたけど

両手の薬指同士を４回打ち合わせる。

3 なかなか　なかなか とまらない

両手の中指同士を４回打ち合わせる。

4 ひとたちゃ

両手の人さし指同士を２回打ち合わせる。

5 わらう

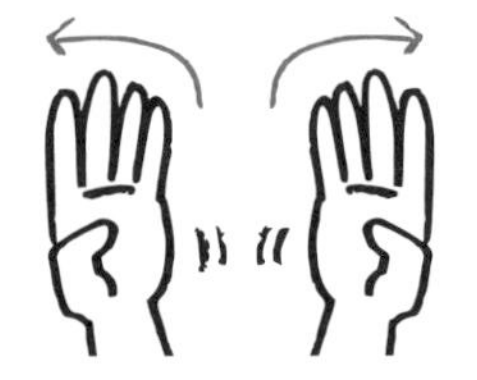

4 の手の形のままで、２回外側に振る。

6 おやたちゃ　おこる

両手の親指同士を４回打ち合わせる。

この手あそび、ここが楽しい！

指の名称を歌詞に折り込んで

歌詞の中に５本の指の名称が折り込まれ、しぜんと指の正式な呼び方ができるようになる、わらべうたです。

ポイント 1「こども」は小指、2「くすりやさん」は薬指…と、掛けことばになっているおもしろさを話してからあそびに入りましょう。

アレンジ 指先の細かい動きが正しくできるように、歌はゆっくりと、急がずに歌いましょう。親子で向き合って、互いの指を打ち合わせてもよいでしょう。

あたまかたひざポン

作詞：不詳　イギリス民謡　編曲：平沼みゅう

あそびのテンポで

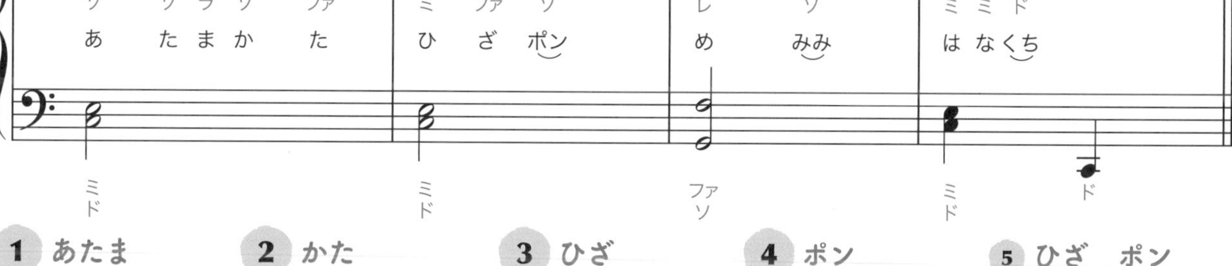

1 あたま

両手で頭を触る。

2 かた

両手で肩を触る。

3 ひざ

両手で膝を触る。

4 ポン

拍手する。

5 ひざ　ポン

6 ひざ　ポン

3 4 を２回繰り返す。

7 あたま

8 かた

9 ひざ

10 ポン

1 ～ 4 と同じ。

11 め

両人さし指で目尻を触る。

12 みみ

両耳を押さえる。

13 はな

両手で鼻を押さえる。

14 くち

両手で口を押さえる。

この手あそび、ここが楽しい！

動作しやすく達成感が得られる

体の部位の名前を言えるようになった頃に遊んでみましょう。上から、「あたま」「かた」「ひざ」と手を下ろしていくので、動作しやすい曲です。「ちゃんとできた」という達成感が得やすいあそび歌の名作です。

ポイント 保育者は、「あたまはどこかな？　かたは？　ひざは？…」と、子どもたちに問い掛けます。正しく触れるようになってから曲に合わせて遊んでみましょう。「ポン」の拍手を、大きくはっきり手を打つと、リズムが取りやすくなります。

アレンジ 11 ～ 14 「め　みみ　はな　くち」は、「おでこ　ほっぺ　あご　まゆげ」など、顔のいろいろな場所を触ってみましょう。ここをちょっと難しくすると、あそびが盛り上がります。

いつでも　集会

年齢の目安　0 1 2 3 4 5

とんとんとんとんひげじいさん

作詞：不詳　作曲：玉山英光　編曲：平沼みゅう

この手あそび、ここが楽しい！

鍵盤の指使いの曲から

原題は『ゆびあそび』という、鍵盤ハーモニカの指使いを覚える曲ですが、保育現場で替え歌が作られ広まった手あそびです。

地域によってメロディーや詞が多少異なりますが、「とんとんとんとん」のこぶし打ちは、全国ほぼ同じです。少し複雑ですが、2歳くらいからできるようになります。

2 3「ひげじいさん」の後の４分休符で、髭が伸びる擬音「ビョーン」など、合いの手を入れて遊ぶこともあります。

1 とんとんとんとん

両手をグーにして、上下交互にたたく。

2 ひげじい

右手をグーにして、顎の下に付ける。

3 さん

左手もグーにして右手のグーに付ける。

4 とんとんとんとん

1と同じ。

5 こぶじい

右手をグーにして右頬に付ける。

6 さん

左手をグーにして左頬に付ける。

7 とんとんとんとん

1と同じ。

8 てんぐ

右手をグーにして、鼻に付ける。

9 さん

右手のグーに左手のグーを付ける。

10 とんとんとんとん

1と同じ。

11 めがね

右手の人さし指と親指で輪を作り、右目に当てる。

12 さん

左手の人さし指と親指で輪を作り、左目に当てる。

13 とんとんとんとん

1と同じ。

14 てをうえに

両手をあげる。

15 らんらんらんらん

手をヒラヒラ振りながら、腕をおろす。

16 てはおひざ

手のひらを膝に置く。

2 人気の手あそび

いつでも

年齢の目安 0 1 2 3 4 5

まほうのつえ

作詞：まど・みちお　作曲：渡辺　茂　編曲：平沼みゅう　振付：高杉自子

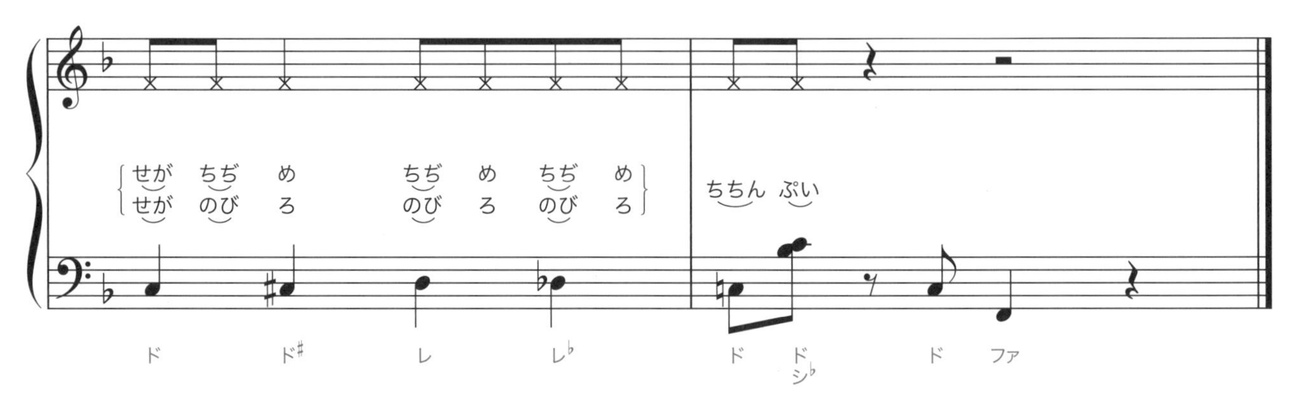

1番

1 まほうの

右人さし指をつえに見立てて、左手の手のひらに円を描く。

2 つえですよ

右人さし指を強く突き出す。

3 5にんのこびとさん

右人さし指で左手の5本の指を、リズムに合わせながら1本ずつ触っていく。

4 せが　ちぢめ　ちぢめ　ちぢめ

右人さし指で左手の手のひらに、上から下へ命令するようなしぐさをする。左手を段々グーにする。

5 ちちん

1と同じ。

6 ぷい

右人さし指を強く出した瞬間、左手を握りしめる。

2番

1 まほうの

左手は握ったままで1番の1と同じ。

3 5にんのこびとさん

左手をグーにしたまま、1番の3と同じ。

4 せが　のびろ　のびろ　のびろ

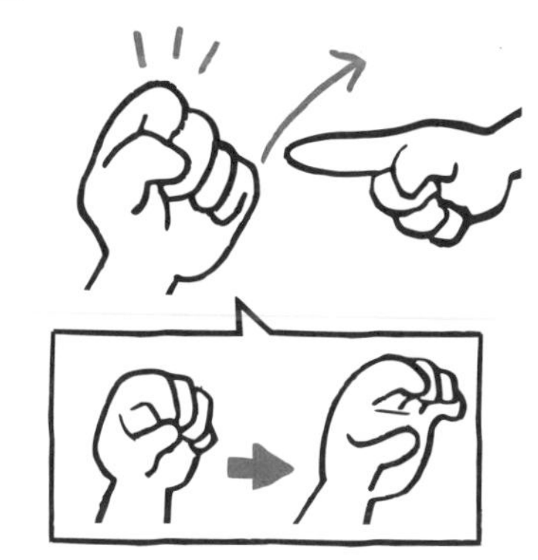

右人さし指で左手に、下から上へ命令するようなしぐさをする。左手を段々開く。

2 つえですよ　1番の2と同じ。

5 ちちん　2番の1と同じ。

6 ぷい

右人さし指を強く突き出した瞬間、左手をパッと開く。

この手あそび、ここが楽しい！

手品みたいに！

指に魔法をかけて、縮めたりし伸ばしたりてみましょう。保育者は、本当に指が伸縮したように演じます。

ポイント 最初は、保育者がみんなの前で手品のようにやって見せます。「背が縮め…ちちんぷい」と呪文風に歌い、しぐさをしましょう。誰でもできる「種も仕掛けもない」手品だと子どもたちがわかったら、みんなでやってみましょう。「手品のように見えるのは誰？」などと、友達同士で見せ合ってみましょう。

アレンジ 低年齢児は、保育者が紙を棒状にした杖を持ち、子どもたちに向かって「せがちぢめ～～～っ」と呪文を唱え、全員が小さくしゃがみます。「せがのびろ～～～ぅ」で立ち上がります。これを繰り返しても楽しめます。

いつでも　顔あそび

年齢の目安 0 1 2 3 4 5

だるまさん

わらべうた　編曲：平沼みゅう

●保育者と子どもが向かい合う。

1 だるまさんだるまさん にらめっこしましょ わらうとまけよ

12 回拍手する。

2 あっぷっ

顔を隠す。

3 ぷ

おもいきりおもしろい顔をする。

この手あそび、ここが楽しい！

ユーモラスな顔あそび

「だるま」は僧侶の達磨大師のことです。張り子のだるま人形でおなじみの顔はユーモラスで、そこから顔あそびが生まれたと考えられています。

ポイント 「睨む」は、本来鋭い視線で相手を見据えることですが、「にらめっこ」は、そのしぐさの中にユーモアを含ませたあそびです。できるだけおもしろい顔をして相手を笑わせた方が勝ちです。

アレンジ 本物の「だるま」を見せて、「こんな大きな目をしているよ」などと、おもしろい顔を作るヒントを示すとよいでしょう。

いつでも　集会

年齢の目安 0 1 2 3 4 5

いとまき

作詞：不詳　デンマーク民謡　編曲：平沼みゅう

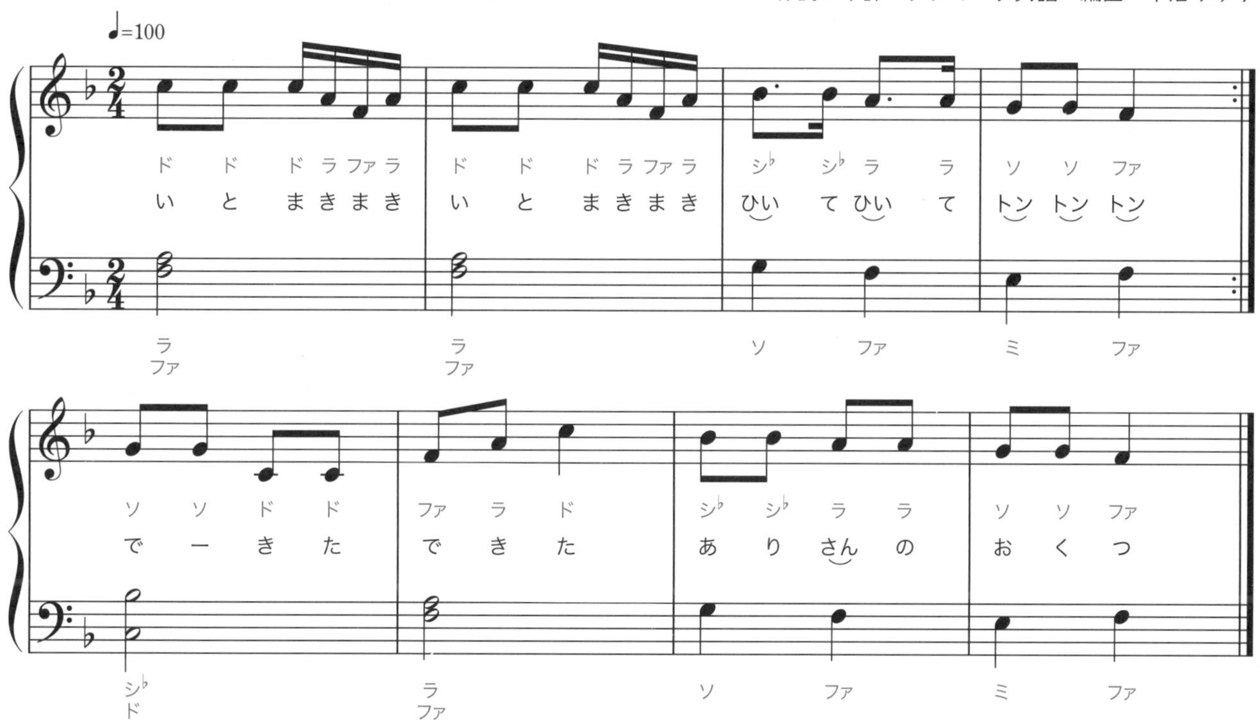

1 いとまきまき いとまきまき

かいぐりをする。

2 ひいてひいて

こぶしを横に引っ張る。

3 トントントン

こぶしを3回、上下交互に打ち合わせる。

4 いとまきまき いとまきまき

5 ひいてひいて

6 トントントン

1〜3と同じ。

7 できたできた

8回拍手する。

8 ありさんのおくつ

胸の前で両手で小さな輪を作り、体を左右に揺らす。

この手あそび、ここが楽しい！

いろんな形の靴を作ろう！

別名『シューメーカーズ・ソング』と言われる靴作り歌です。いろいろな形の靴を作ってみましょう。

ポイント 1の糸を巻くしぐさを「かいぐり」といい、糸をたぐり寄せる動きから生まれた動作です。この「糸巻き」ほど、かいぐりが効果的な振り付けになっている曲はありません。ゆっくり手を回したり、超高速で回したり工夫して遊びましょう。

アレンジ 8「ありさんのおくつ」を「ぞうさんのおくつ」「きりんさんのおくつ」などに替えて歌ってみましょう。

2 人気の手あそび

いつでも　集会

年齢の目安 0 1 2 3 4 5

えがおの花さいた

作詞・振付：阿部直美　アメリカ民謡　編曲：平沼みゅう

●椅子に座る。

1番

1 にこにこ　えがおの　はなさいた

動作はせず、歌う。

2 パチパチパチパチ　てをたたこう

歌に合わせて自由な方向に８回拍手する。

2番

1番に準じて、2 は８回足踏みする。

3番

1番に準じて、2 は隣の人の肩を８回たたく。

この手あそび、ここが楽しい！

すぐに遊べるあそび歌！

アメリカ民謡の『ロウ・ユア・ボート（Row Your Boat）』のメロディーに合わせて作られたあそび歌です。練習しなくてもすぐに遊べ、年少児も参加できます。

ポイント　多人数の集会のオープニングや幕間に使える簡単手あそびです。輪になって座って遊んでも楽しめます。

アレンジ　2 の動作を、「ファ～ファ～ファ～ファ～　あくびしよう」などユーモラスなしぐさを折り込んで遊んでみましょう。

おはなし ゆびさん

作詞：香山美子　作曲：湯山　昭　編曲：平沼みゅう　振付：阿部直美

1番

1 このゆび　パパ
ふとっちょ　パパ

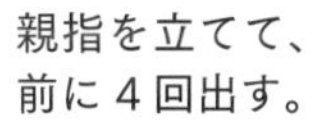

親指を立てて、
前に４回出す。

2 やあ　やあ
やあ　やあ

内側に４回振る。

3 ワハハハハハハ

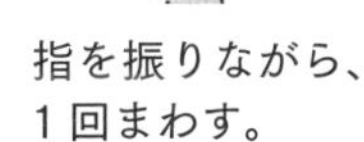

指を振りながら、
１回まわす。

4 おはなし

両手を胸の前で交差させる。

5 する

大きく２回拍手する。

2番 ～ 5番

1番に準じて、人さし指、中指、薬指、小指でする。

この手あそび、ここが楽しい！

指の家族で遊ぼう！

５本の指を、家族に見立てて遊んでみましょう。

ポイント　親指の「お父さん」は堂々とした声色にするなど、指１本だけでそれぞれの人物を浮かび上がらせます。

アレンジ　軍手などに目や口を付け、家族の指人形を作って見せながら歌うと、よりわかりやすいでしょう。

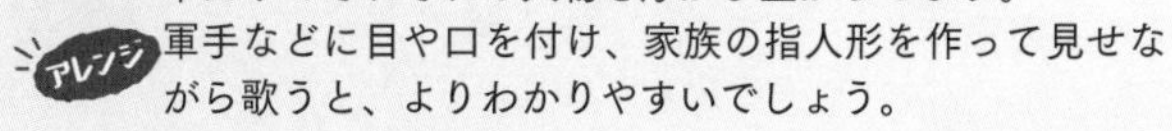

2 人気の手あそび

いつでも　動物　じゃんけん　年齢の目安 0 1 2 3 4 5

ツル カメ ジャン

作詞・作曲・振付：阿部直美　編曲：平沼みゅう

1番

1 ツルさん ツルさん

両手を前へ伸ばし、2回上下に振る。

2 グーチョキ パーチョキ

歌に合わせて両手を、グー、チョキ、パー、チョキの形にする。

3 カメさん カメさん

両手を腰につけて、ひざを軽く2回屈伸する。

4 グーチョキ パーチョキ

歌に合わせて足を、グー、チョキ、パー、チョキの形にする。

5 ツルさん カメさん

両手を前に伸ばし、両足は膝の屈伸をする。

6 グーチョキ… パーチョキ グー

5のまま、両手と両足で同時に、歌に合わせてグー、チョキ、パーを出していく。

この手あそび、ここが楽しい！

やりにくいのがおもしろい

ツルは手、カメは足でジャンケンします。この動作を組み合わせ手と足で同時にジャンケンすると、思うように手足が動きません。そのやりにくさを楽しむリズムあそびです。

ポイント 2の手はすべて前方に伸ばします。足をつけると、パーは左右に開くので手もつられて横に開いてしまいますが、手は前方に伸ばしたままのしぐさをします。

アレンジ 子どもから大人まで楽しめるあそびです。「ツルカメ」のおめでたい歌詞なので、敬老の日のつどいなどに大人も一緒にやってみましょう。初めはゆっくり、次第に速くしてもできるかな？

いつでも　ゲーム

年齢の目安 0 1 2 3 4 5

ちゃ ちゃつぼ

わらべうた　編曲：平沼みゅう　振付：阿部直美

あそびのテンポで

ソ ラ ソ ソ ラ ソ ミ ラ ソ ソ ソ

ちゃ ちゃ つ ぼ ちゃ つ ぼ ちゃ つ ぼ にゃ

1 2 3 4 1 2 3 4 1 2 3

ラ ミ ラ ミ ラ ミ

1 ちゃ

左手を握り、その上に右手のひらを乗せて「ふた」にする。

2 ちゃ

右手のひらを左手の下にして「そこ」にする。

3 つ

右手を握り、その上に左手のひらを乗せて「ふた」にする。

4 ぼ

左手のひらを右手の下にして「そこ」にする。

5 ちゃつぼ

1～3を行なう。

6 ちゃつぼにゃ

4 1 2 3を行なう。

7 ふたがない

4 1 2を行なう。

8 そこをとって

3 4 1 2を行なう。

9 ふたにしよう

3 4 1で終わる。

この手あそび、ここが楽しい！

手をつぼと蓋に見立てて

茶つぼは、お茶の葉を保管するための陶器で作られたつぼのことです。お茶が湿気ないよう、どの茶つぼにも「蓋」が付いています。手をつぼと蓋に見立てて遊びます。

ポイント 古くから歌い継がれてきた手遊びで、遊び方もほとんど変わっていません。初めはゆっくりやってみます。曲の最後の9「ふたにしよう」の「よう」のとき、蓋が上になる1のポーズで終わります。

アレンジ 超高速で行なうと、手品を見ているようなおもしろさがあります。敬老の日の集いなどで遊んでも楽しいでしょう。

いつでも　顔の部位

年齢の目安 0 1 2 3 4 5

トントン パチパチ

作詞・作曲・振付：阿部直美　編曲：平沼みゅう

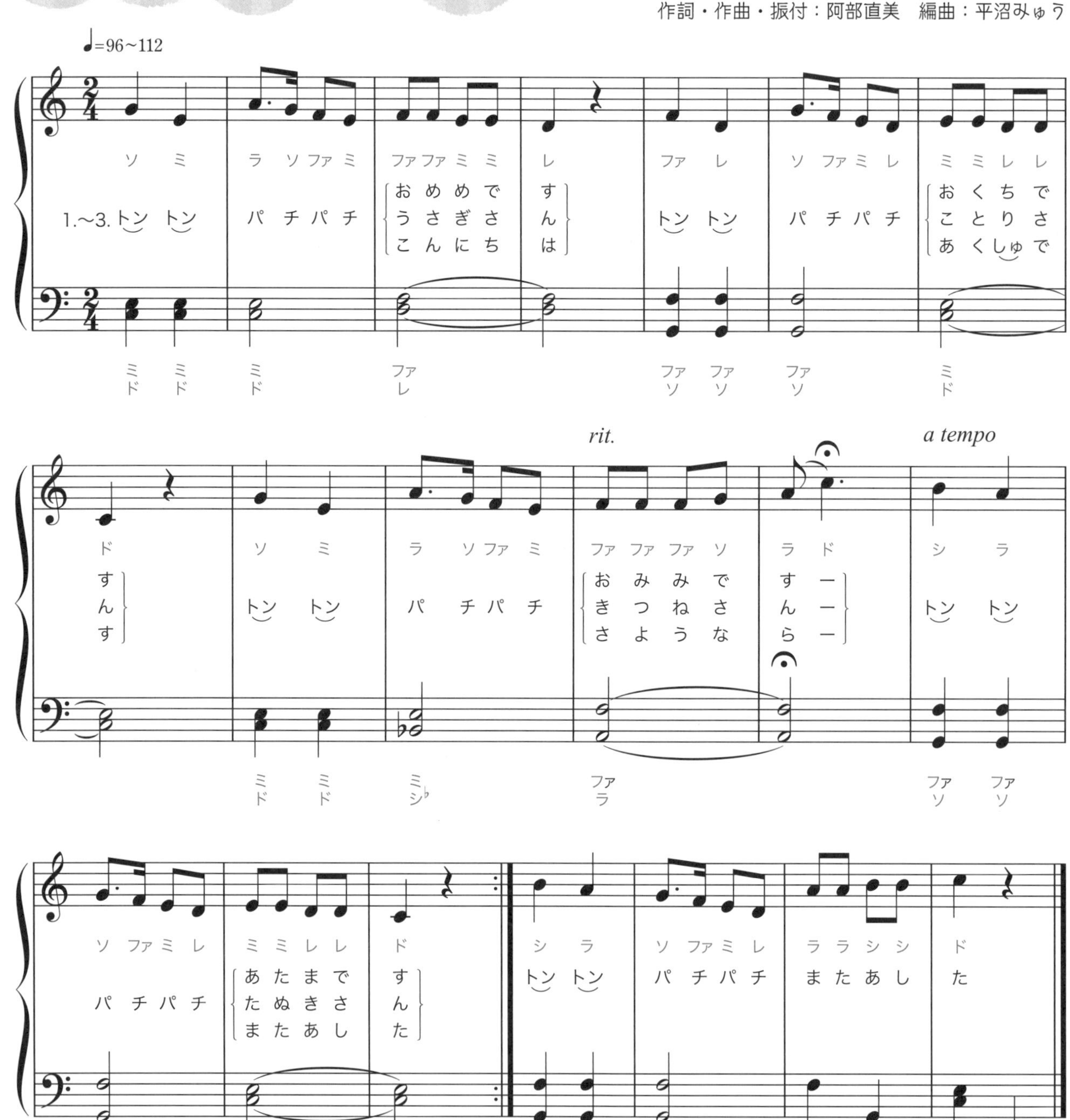

●２人組になり、向かい合う。

1番

1 トントン

自分の膝を２回こぶし打ちする。

2 パチパチ

向き合った相手と、両手を２回手合わせする。

> **この手あそび、ここが楽しい！**
>
> ## 友達のしぐさを見ながら
>
> こぶし打ち、手合わせ拍手というリズミカルな手あそび歌です。２人組になって、友達のしぐさを見ながら遊んでみましょう。
>
> **ポイント** 5「おみみです」の rit.（リット）は、だんだん速度を落として歌い、「す」の 𝄐（フェルマータ）は、音をたっぷり伸ばし、その間ポーズをキープします。その後、a tempo（ア・テンポ）で、もとの速さに戻ります。
>
> **アレンジ** 年少児は、１番・２番のみを繰り返して遊びます。年長児は３番に挑戦してみましょう。

3 おめめです

両人さし指で自分の目を指さす。

4 トントンパチパチ おくちです

1 2の後、口を指さす。

5 トントンパチパチ おみみです

1 2の後、両手で耳をつかんで引っ張る。

6 トントンパチパチ あたまです

1 2の後、両手で頭を押さえる。

2番

1番に準じて、3以降を歌詞に合わせて動きを変える。

3 うさぎさん

両手でウサギの耳を作る。

4 ことりさん

小鳥のくちばしを作る。

5 きつねさん

両目をつり上げる。

6 たぬきさん

おなかをたたくしぐさをする。

3番

1番に準じて、3以降を歌詞に合わせて動きを変える。

3 こんにちは

お辞儀をする。

4 あくしゅです

握手をする。

5 さようなら

3番 3をゆっくり行なう。

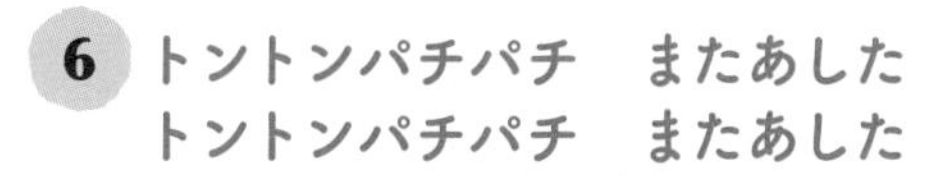

6 トントンパチパチ　またあした トントンパチパチ　またあした

1番 1 2の後、バイバイをする。これを繰り返す。

いつでも　集会

年齢の目安　0 1 2 3 4 5

リボンのきもち

作詞・作曲・振付：阿部直美　編曲：平沼みゅう

1番

1 きみの　きみの
えがおに

右手のひらを上向きにし、右方向に２回振る。左手は腰に付け、重心を右足にかける。

2 げんきを　もらう

両手をグーに振り、右向きで軽く２回ジャンプする。

3 きみの　きみの
ことばに
ゆうきを　もらう

1 **2** に準じて、左手、左向きで行なう。

4 なみだ

右手をチョキの形にして外側に向け、目の前から、こするように右へ引く。

5 ながしても

4 の手を顔の横でグーに握り、止める。

6 にげださない　そ

右手は **5** のまま、左手で **4** **5** を行なう。

7 んな　ちからが

2 と同じ。

8 わいてくる

両手をグーにして、下から次第に上げ「バンザイポーズ」をする。

9 だから

中腰になり、両手で交互に膝をたたく。できるだけ速く、たくさんたたく。

10 クルクルキュッと
リボンで

胸の前でかいぐりをする。できるだけ速く、たくさん回す。

11 ぼくの　きもち
むすんで

交差した腕を４回打ち合わせる「リボンのポーズ」をする。

12 きみに　きみに
いますぐ　とどけたい

「リボンのポーズ」のまま、体を右→左→右→左に振る。

13 リボンの　きもち

交差している両手を広げ、大きくハート形に回す。「ち」は **9** と同じ。

14 クルクルキュッと
リボンで うれしい きもち
むすんで きみに きみに
まっすぐ とどけたい

10 ～ **12** と同じ。

15 ありがとうの　きもち

「ありがとう」は **13** のハート形に手を回す。
「きも」は **2** 、「ち」は **9** と同じ。

2番 **1番** と同じ。

この手あそび、ここが楽しい！

エールを送るときに

誕生会、進級、卒園などに、エールを贈るときに歌います。

ポイント **9** 「だから」は、ゆっくり歌いますが膝は細かく速くたたきます。

アレンジ 座って遊ぶときは、**12** は「リボンのポーズ」のまま、隣の人と手をつなぎ体を左右に振るとよいでしょう。

手あそびを楽しもう！1

友達いっぱい手あそび歌

幼児期になると、一人あそびを卒業して、友達関係が広がり、多人数で遊べるようになります。手あそびも、一人より二人組のあそび、また多人数の集団ゲームなどが好まれます。

こうしたあそびを通して友達ができたり、「みんなでやるのは楽しい」といった体験が生まれてきます。例えば、相手をくすぐるときも、どのくらいの力で、どの程度までやってもよいのか、といったことも、あそびを通して理解するようになるでしょう。

相手のことを考えながら遊ぶことは、人間関係を紡ぐ上でとても大切な事です。あそびの中から社会性の芽も育っていきます。

大人も子どもも一緒にあ・そ・ぼ

「手あそび」は、人と人とのコミュニケーションを取るためにも適したあそびです。道具がなくてもすぐにでき、誰とでも遊ぶことができます。

園で歌った手あそびは、できれば保護者会などで、おうちの方にも伝えましょう。家庭でも、園と同じように遊ぶことで、親子関係はより一層深くなります。また、保護者はあそびを通して「じゃんけんのチョキが出せるようになった」など、我が子の発達を知ることができます。

繰り返して歌い、更に、歌詞の一部をその子のオリジナルな言葉にした替え歌を作って遊んでみましょう。ちょっとした工夫が「もっとやりたい！」という意欲をかき立て、家庭でも笑顔が溢れることでしょう。

3

あやし歌

　赤ちゃんがお母さんのおなかの中にいるときは、すでに音を聞く力を身につけています。生後間もない赤ちゃんも、保育者の声、特に歌声は、とてもよく聞いています。

　成長し、目もはっきり見えるようになると、歌っている人の口元に注目し反応するようになります。赤ちゃんはすでにリズミカルな言葉に共感する力を身につけているのです。

　更に、やさしく触れ合うスキンシップあそびは、大のお気に入り。保育者は赤ちゃんに心地よい刺激となるような歌い方・あそび方をみつけて、繰り返し何回もやってあげましょう。赤ちゃんの機嫌の良い時に、ゆとりを持って、できるだけ一対一で遊ぶことが大切です。

まるまるやまから

作詞・作曲・振付：中谷真弓　編曲：平沼みゅう

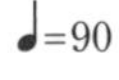

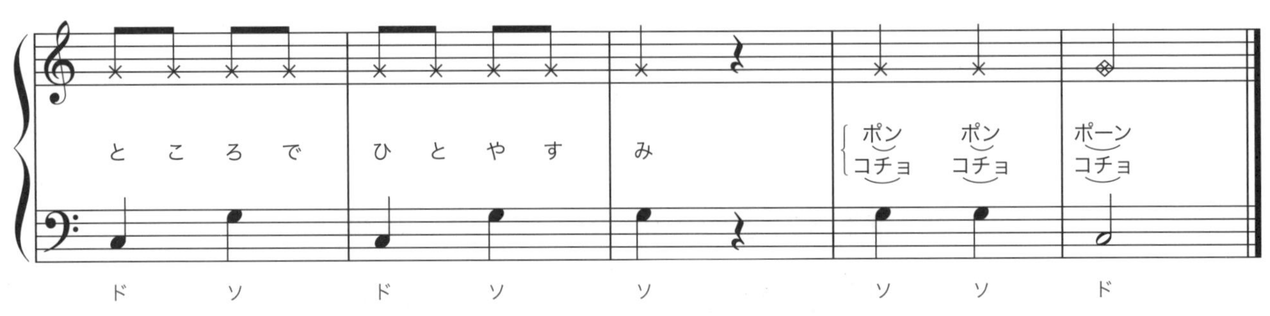

●子どもは寝て、保育者はそばに座る。

1番

1 まるまるやまから おりてきて

子どもの頭をなでてから、おなかの方に向かってやさしくなでる。

2 たいらなところで ひとやすみ

おなかに渦巻きを描くようにさする。

3 ポンポンポーン

おなかを３回やさしくたたく。

2番

1 かたかたやまから おりてきて

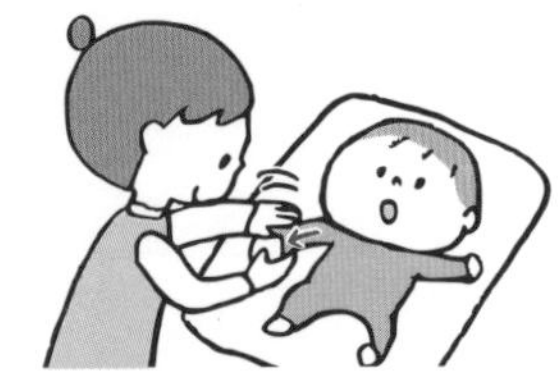

子どもの肩を軽くたたき、手のひらの方までやさしくなでる。

2 たいらなところで ひとやすみ

手のひらに渦巻きを描くようにさする。

3 コチョコチョコチョ

両脇をくすぐる。

この手あそび、ここが楽しい！
体幹がしっかりしてきたら

０歳児の、体幹がしっかりしてきた頃のふれあいあそびです。子どもに触れる強さや速度を工夫して遊びましょう。

ポイント 子どもの体の上の方を触りながら、ゆっくり手を下ろします。急がずに語りかけるように歌い、動作もそれに合わせます。昼寝から目覚めた時など、赤ちゃんの機嫌の良いタイミングを見つけてやってみましょう。

アレンジ １歳児は保育者の膝の上に乗せ、後方から支えて遊びます。**2**「たいらなところで」は、足の甲や肩などを触ってもよいでしょう。

ねんね　体の部位　ふれあい

年齢の目安 0 1 2 3 4 5

おひざをまげましょ

作詞：佐倉智子　作曲：おざわたつゆき　編曲：平沼みゅう　振付：阿部直美

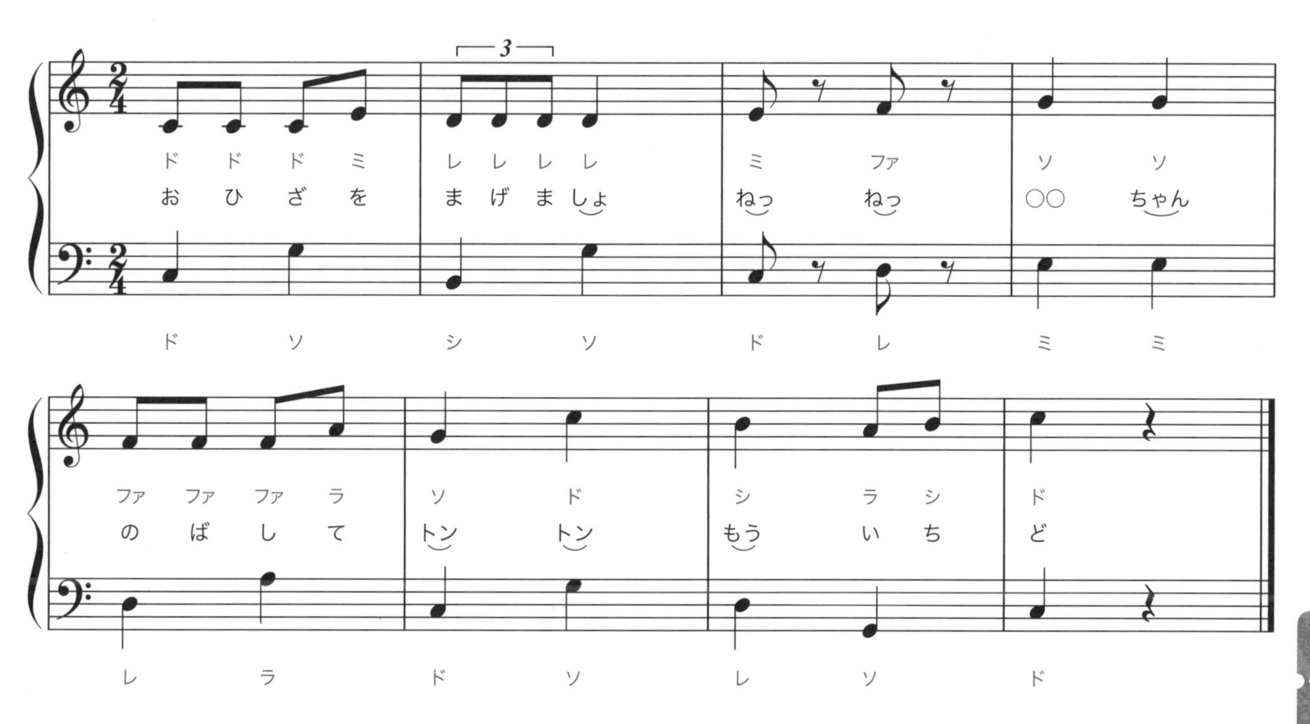

●子どもをマットの上に寝かせ、両足を持つ。

1 おひざをまげましょ

大人は子どもの片方の足を曲げる。

2 ねっ　ねっ　○○ちゃん

もう片方の足も曲げる。

3 のばしてトントン

両足を伸ばして「トントン」でかかとでマットをたたく。

4 もういちど

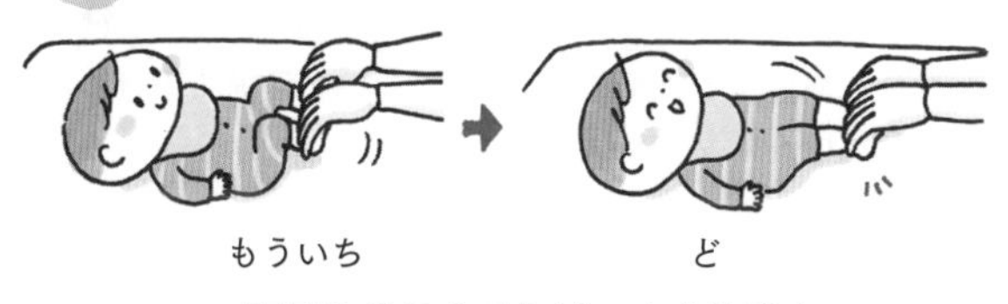

両足をそろえて曲げ、すぐ伸ばす。

この手あそび、ここが楽しい！

運動あそび

簡単な足の屈伸運動を兼ねたリズムあそびです。子どもの足が曲げやすいテンポで歌いましょう。

ポイント 足を意識した遊びですが、できるだけ子どもとアイコンタクトをとって遊びましょう。おむつ替えのときにもおすすめです。

アレンジ 「○○ちゃん」は、子どもの名前を入れて歌いましょう。

ねんね　いつでも　顔あそび　年齢の目安 0 1 2 3 4 5

あがりめさがりめ

わらべうた　編曲：平沼みゅう

●保育者と子どもが向かい合う。

1番

1 あがりめ

子どもの目尻を保育者が人差し指でつり上げる。

2 さがりめ

目尻を下げる。

3 ぐるっと　まわって

目のまわりを円くなでる。

4 ねこのめ

目尻を引っ張る。

2番

1〜3は1番と同じ。

4 とっとのめ

目のふちを中央に寄せる。

この手あそび、ここが楽しい！

泣いてる子どももにっこり！

目を上げたり、下げたり。泣いている子どもも思わずにっこりする、シンプルなのに楽しいわらべうたです。

ポイント 「つり上げた目は、キツネさんみたい」「下げた目はパンダさんかな」「最後はネコさんの目になるよ」などと言いながら遊んでみましょう。

アレンジ 目を上下にさせたらどんな顔になるのか、鏡を見ながら遊んでもおもしろいでしょう。

3 あやし歌

ねんね　体の部位　ふれあい

年齢の目安 0 1 2 3 4 5

ゆびさん　ゆびさん

作詞・作曲：中谷真弓　編曲：平沼みゅう　振付：阿部直美

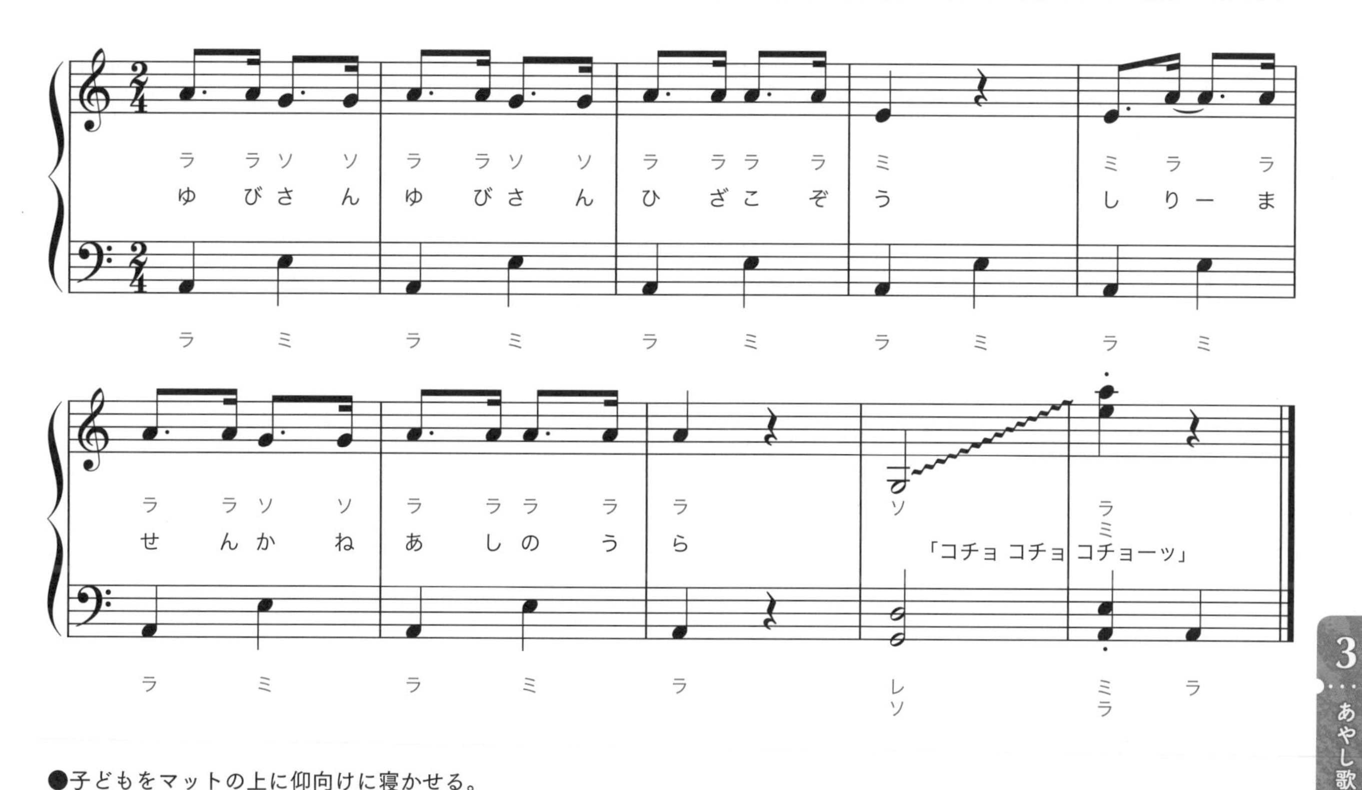

●子どもをマットの上に仰向けに寝かせる。

1 ゆびさん　ゆびさん

子どもの両足のゆびを両手でつかむ。

2 ひざこぞう

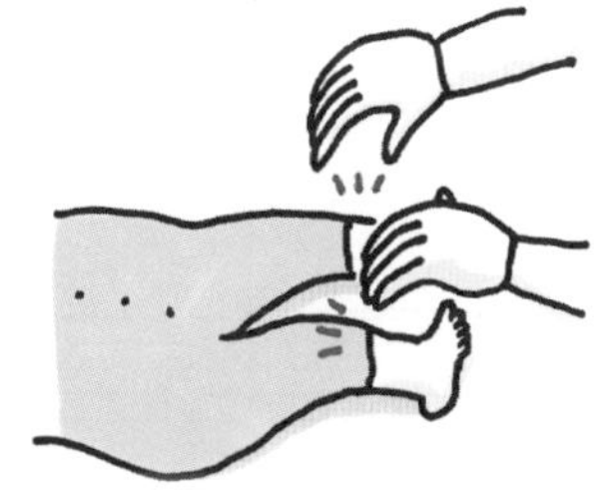

両ひざを2回たたく。

3 しりませんかね

しりのあたりを2回たたく。

4 あしのうら

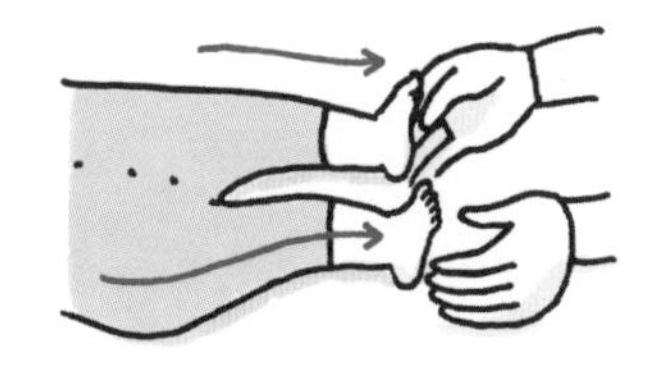

両手を足にそってすべらせ、足の裏をさわる。

5「コチョコチョコチョーッ」

足の裏をくすぐる。

この手あそび、ここが楽しい！

歌にあわせてマッサージのように

4の「あしのうら」では、子どもの体をなでるようにして、足の裏まで両手をもっていきます。

ポイント 子どもの機嫌の良いときにやさしく触ってあげましょう。

アレンジ 「コチョコチョ…」は、慣れるまでは特にやさしくくすぐります。

ねんね　ふれあい

年齢の目安 0 1 2 3 4 5

ぞうきんつくろう

●子どもは床に寝て、保育者は座る。

1 はりにいとを　とおします

保育者が針に糸を通すしぐさをする。

2 チクチクチクチクチクチクと　ぬったら
ぞうきんの　できあがり

保育者は人さし指を針に見立て、子どものおなかを自由につつく。

3 バケツのなかで　ジャブジャブジャブ

足先を持ってリズミカルに揺らす。

4 あらって　しぼって

足先を持って交差させる。

5 ふきそうじ

脇の下をくすぐる。

この手あそび、ここが楽しい！

縫ったり洗ったり絞ったり

子どもの体を雑巾に見立てて、縫ったり洗ったり絞ったりするふれあいあそびです。子どもの気持ちが落ち着いているときに、一対一で向き合ってやってみましょう。

ポイント　3「ジャブジャブジャブ」は、「足先を３回揺らす」が基本ですが、慣れてきたら、そのリズムの中で、わざと何回も揺らす等、フェイントを掛けてふれ合ってみましょう。同様に、5「ふきそうじ」は体をたくさんこすって最後の「じ」で脇をくすぐってもあそびが盛り上がります。

アレンジ　1「はりにいとを　とおします」は、針を手に持っているかのようなしぐさをします。大きい雑巾、小さい雑巾など、大小や強弱を付けて表現すると、より楽しいでしょう。

だいこんおろし

作詞・作曲：中谷真弓　編曲：平沼みゅう　振付：阿部直美

●子どもをマットの上に仰向けに寝かせる。

1 おおきなだいこん　ぬけました

マットの上の子どもをゆっくり持ち上げる。

2 おやおやまっくろ どろだらけ

子どもを寝かせて、全身を軽くたたく。

3 おみずであらって ジャーブジャブ

体をなでる。

4 ゴシゴシゴシゴシ こすったら

指を立てて全身をくすぐるように触る。

5 だいこんおろしのできあがり

子どもをゆっくり起こし、ひざの上で抱きしめる。

この手あそび、ここが楽しい！

なでてさすって最後にギュー

子どもをダイコンに見立ててスキンシップをとります。全体にひとつひとつのしぐさをゆっくりおこないます。

ポイント **4** の「ゴシゴシ」はおろし金をイメージして、指で軽くひっかきながらくすぐると遊びがもりあがります。

アレンジ ダイコンをニンジンやカブにおきかえて歌っても楽しいでしょう。

ハナハナあそび

作詞・作曲：佐倉智子　編曲：平沼みゅう　振付：阿部直美

急がずに

●保育者は子どもを後ろ向きに膝にのせる。

1 ハナハナハナハナ　みみ

人さし指で子どもの鼻を４回触った後、耳を触る。

2 みみみみみみみみ　くち

耳を４回触った後、口を触る。

3 くちくちくちくち　ほっぺ

口を４回触った後、頬を触る。

4 ほっぺほっぺほっぺほっぺ　め

頬を４回触った後、目のふちを軽く触る。

この手あそび、ここが楽しい！

構成音は５つだけ

「ド・レ・ミ・ファ・ソ」だけで構成されている曲なので、分かりやすく、低年齢児でも口ずさみやすい顔あそび歌です。

ポイント　2・4・6・8小節目に、3拍休みがあります。この部分は、保育者が子どもに「耳だねーっ」「口ですよ」などと、話し掛けるための休符です。話し掛けることによって、顔の名称や部位を自然に覚えられるようになります。

アレンジ　「ハナハナ…かた…かたかた…おなか」などと体のいろいろなところを触って遊ぶこともできます。低年齢児は「顔の中だけ」と、範囲を決めて遊ぶ方が分かりやすく楽しめます。

おすわり　いつでも　ふれあい　あやしあそび　年齢の目安 0 1 2 3 4 5

ちょち ちょち あわわ

わらべうた　編曲：平沼みゅう

●保育者は子どもを後ろ向きに膝にのせる。

1 ちょち　ちょち

子どもの手を取って2回拍手する。

2 あわわ

手のひらで口元を軽く3回たたく。

3 かいぐり　かいぐり

かいぐりをする。

4 とっとのめ

人さし指で手のひらを指す。

5 おつむてんてん

両手のひらで頭を軽く3回たたく。

6 ひじぽんぽん

片方の肘を曲げ、1回たたく。手をかえて、もう一度行なう。

この手あそび、ここが楽しい！

歌い継がれたわらべうた

江戸時代から歌い継がれている、赤ちゃんをあやすときのわらべうたです。語り掛けるように歌って遊びましょう。

ポイント 「ちょち」は、手を打つしぐさ。「あわわ」は、笑い声。「おつむ」は、頭の幼児語と言われています。「とっとの目」は、魚や鳥の目のことを指します。子どもの好む動作を組み合わせた手あそびの原点とも言うべき曲です。

アレンジ 「おつむ」を「おなか」に、「ひじ」を「ひざ」に歌い替えても良いでしょう。

びっくりおおきなカブの歌

作詞・作曲：中谷真弓　編曲：平沼みゅう　振付：阿部直美

●保育者の足の上に子どもは向き合って座る。

1 びっくり…ぬきますよ

子どもの体をリズミカルにたたく。

2 ウントコ…ショ

子どもを前後に押したり引いたりする。これをくり返す。

3 ウーン

子どもの体を小刻みに左右に振る。

4 スポン

子どもの体を持ち上げる。

この手あそび、ここが楽しい！

絵本の世界に入りましょう

子どもは大きなカブの役になり、保育者が抜こうとしますが、とても大きいのでなかなか抜けません。力いっぱい引いている姿をユーモラスに演じましょう。

ポイント 2 の「ウントコショ」は何回も自由に繰り返しましょう。

アレンジ 2 と 3 は子どもの反応に合わせて遊んでみましょう。

おすわり　動物

年齢の目安　0 1 2 3 4 5

ころりんたまご

作詞：まど・みちお　作曲：則武昭彦　編曲：平沼みゅう　振付：阿部直美

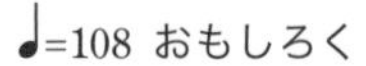

●保育者が子どもを後ろ向きに膝にのせて座る。

1番

1 ころりん　たまごが

かいぐりをする。

2 おりこうで

片手をグーにし、もう片方の手でその上をなでる。

3 ころりん　してたら

1 と同じ。

4 ひよこになった

口の前で両手を合わせ、くちばしのように開いたり閉じたりする。

2番

1 ぴよぴよ　ひよこが

1番の 4 と同じ。

2 おりこうで

1番の 2 と同じ。

3 ぴよぴよ　してたら

1番の 4 と同じ。

4 こけこになった

両手を左右に出し、上下に振る。

3番

1 ころりん　ぴよぴよ　こけこっこ

1番の 1 4 と 2番の 4 を順にする。

2 こけこが　ないたら

2番の 4 の動作を大きくする。

3 よがあけ

手のひらを外に向け、片方の手で顔を覆い、もう片方の手も交差させて覆う。

4 た

両手をパッと左右に開く。

この手あそび、ここが楽しい！

曲の異なるものも

よく知られている作品ですが、同じ歌詞で、湯山昭が作曲したものもあり、こちらも広く歌われています。メロディーが異なるので注意しましょう。

ポイント 長い間、保育現場で歌い継がれているうちに、歌詞が変わってしまっていることがあります。1「ころりんたまごが　おりこうで」を「ころころたまごは　おりこうで」と歌われていることもあります。

アレンジ 二つ折りの紙に卵を描き、中からヒヨコが出てくる様子を見せてから手あそびに入ると分かりやすいでしょう。

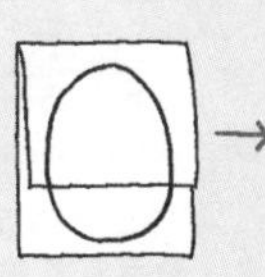

おすわり　ふれあい　顔の部位　生き物　年齢の目安 0 1 2 3 4 5

でこやまでこちゃん

作詞・作曲・振付：阿部直美　編曲：平沼みゅう

●保育者の足の上に子どもは同じ方向をむいて座る。

1 でこやまでこちゃん　いたずらで

保育者は子どものでこを歌に合わせて軽くたたく。

2 けむしを　にひき　つかまえて

まゆを指先でつまむ。

3 ちょうちょの　はねを　ひっぱって

両耳を引っ張る。

4 おはなを　ぺちゃんと　ふんづけて

鼻の頭を指で押さえる。

5 アッカンベーして

両目をアッカンベーにする。

6 にげちゃった

ほほを軽くたたく。

この手あそび、ここが楽しい！

言葉で遊んで

まゆげを毛虫、両耳をチョウの羽根など歌詞の掛け言葉が楽しい顔あそびです。やさしく触ってあげましょう。

ポイント おすわりが上手にできるようになったら保育者と向き合って座って遊んで遊んでみましょう。

アレンジ 遊ぶうちに子どももどこをどう触るのかわかるので、次第に自分で顔を触って遊べるようになります。

まねきねこねこ

作詞・作曲：中谷真弓　編曲：平沼みゅう　振付：阿部直美

●保育者の足の上に子どもは同じ方向をむいて座る。

1 まねきねこねこニャンコのニャア

子どもは両手を軽く握り、保育者は後方から手を添え、手招きするように両手を４回動かす。

2 いいことまねくよ

握った両手を２回打ち合わせる。

3 ニャンコの

2 の手を横に開く。

4 ニャア

握った両手をほほと頭など２カ所につけてポーズをとる。

この手あそび、ここが楽しい！

おもしろいポーズをつくって

握った手を招き猫の手に見立てます。最後に顔につけおもしろいポーズをする遊び。本物の招き猫を見せてもよいでしょう。

ポイント 慣れてきたら「ニャンコ」の「の」を歌声を伸ばして、**4** の「ニャア」にすばやく入るとスリルがあります。

アレンジ **4** のポーズは両ほほを握った手でギュッと押さえておもしろい顔を作っても楽しいでしょう。

おすわり　いつでも　ふれあい

年齢の目安 0 1 2 3 4 5

1本橋こちょこちょ

わらべうた　編曲：平沼みゅう

●保育者と子どもが向かい合う。

1 いっぽんばし こちょこちょ

人さし指で手のひらに渦巻きを描くようにくすぐる。

2 すべって

手のひらの上を滑らせる。

3 たたいて

軽くたたく。

4 つねって

軽くつねる。

5 かいだんのぼって

手のひらから腕へ人さし指でジグザグとのぼっていく。

6 こちょこちょ

脇の下をすぐる。

この手あそび、ここが楽しい！

古くからのくすぐりあそび

5本の指を橋に見立てた、くすぐりあそびです。古くから歌い継がれているので、「なでる」「ひっかく」など、いろいろな歌詞としぐさにアレンジされています。

ポイント 「いっぽんばし」は、人さし指ですべての動作を行ないます。「にほんばし」は人さし指と中指で…と段々指の数を増やします。

アレンジ 5「かいだんのぼって」を、「ぐるっとまわって」として、子どもの手のひらに大きく丸を描く遊び方もあります。

すいか

作詞・作曲・振付：阿部直美　編曲：平沼みゅう

●子どもと向かい合って座る。

1番

1 まんまる　すいかは　おもたいぞ

子どもの両頬を軽くたたく。

2 ウントコショ　ウントコショ

顔をスイカに見立てて、顎を2回持ち上げる。

2番

1 まっかな　すいかに　くろいたね

1番の1と同じ。

2 プップップッ　プップップッ

顔のあちこちを種に見立てて軽くつつく。

この手あそび、ここが楽しい！

顔がスイカに！

子どもの顔をスイカに見立てた「顔あそび」です。お座りができるようになった子どもから遊べます。親子ふれあいあそびとしても活用できます。

ポイント 2「ウントコショ」は、スイカの重さを表現するため、とても力が入っているかのようなしぐさで、子どもの顔（スイカ）を持ち上げるのがポイントです。

アレンジ お座り以前の子どもは、体をまるごとスイカに見立てます。2「ウントコショ」で子どもの体を持ち上げ、高い高いを繰り返します。

おすわり　ふれあい　四季　生き物　動物　年齢の目安　0 1 2 3 4 5

はるなつあきふゆ

作詞・振付：浅野ななみ　作曲：佐倉智子　編曲：平沼みゅう

●保育者と子どもが向かい合う。

1 はるはモグラも おさんぽで

子どもの手をとり、人さし指と中指で手首から肩まで歩いていく。

2 なつはセミさん ミンミンミン

曲に合わせて子どもの小鼻を４回押さえる。

2番

1 あきはコオロギ くさのなか

子どもの髪を触る。

2 ふゆはミミズク

子どもの耳を２回軽く引っ張る。

3 ホーホーホー

子どものほおを両手で軽く３回押さえる。

この手あそび、ここが楽しい！

ゆっくりていねいに

子どもの顔を四季の動物に見立てて触る遊びです。歌いながらゆっくりていねいに触りましょう。

ポイント 鼻を押さえたまま「鳴いてごらん」と問いかけ「ミーン」と言わせると、セミらしい声になります。同様にほおをおさえたままミミズクの鳴き声も出してみましょう。

アレンジ はじめは軽く体に触り、次第に少し力を入れて触るなどの工夫をするとよいでしょう。

食べ物　ふれあい

年齢の目安 0 1 2 3 4 5

おやさいトントン

作詞・作曲・振付：阿部直美　編曲：平沼みゅう

●子どもはうつ伏せに寝る。

1 トントン　だいこん

子どもの背中を切るしぐさを２回し、８分休符で拍手を１回。次に子どもの尻を軽くたたく。

2 トントントントン　にんじん

子どもの背中を切るしぐさを４回し、1 と同じ。

3 トントントントントントントントン　ねぎ

子どもの背中を切るしぐさを８回し、1 と同じ。

4 トントントントントントントントン　パセリ

子どもの背中を切るしぐさをできるだけ細かく手を上下に動かし、1 と同じ。

5 トーン　かぼちゃ

「トーン」で切るしぐさを１回大きくした後、２分休符で手をジグザクに動かしてなかなか切れないしぐさをしたり、右手の上に左手を乗せて力を入れて切ろうとしたりする。その後、８分休符で拍手を１回して、「かぼちゃ」で大きく尻をたたく。

この手あそび、ここが楽しい！

スキンシップを楽しもう！

野菜の切り方はいろいろあります。大きく輪切りにしたり、細かくみじん切りにしたり……。子どもの体を野菜に見立てたスキンシップあそびです。切るしぐさをリズミカルに行います。

ポイント　とてもゆっくり、ひとつひとつの動作を大きく行なうのがポイントです。

アレンジ　あそびに入る前、子どもの体を野菜に見立て、「洗いましょう、ゴシゴシ」などと、こすったりするとよいでしょう。

チャイムならして

作詞・作曲・振付：阿部直美　編曲：平沼みゅう

●子どもと保育者で向き合う。

1 チャイムならして ピン　ポン　ピン

子どもの鼻を人さし指で４回たたく。

2 ドアをたたいて トン　トン　トン

右手で子どもの左肩を２回、右肩を３回こぶしで軽くたたく。

3 かぎをはずして ガッチャ　ガチャ

両手で子どもの耳を持ち、前後に自由に動かす。

4 ここはともちゃんの おうちで

両手をつなぎ、曲に合わせて軽く上下に振る。

5 す

両手をすばやく上げて屋根の形を作る。

この手あそび、ここが楽しい！

「こんにちは○○ちゃん」

子どもの体を家に見立てて触ります。歌詞の「ともちゃん」は向き合っている子どもの名前を入れて歌うとより楽しくなります。

ポイント 5のあと、両手をひざに置き、保育者がともちゃんの家を訪ねてきたという設定で「こんにちはともちゃん」「はい、こんにちは」などと、自由に会話を楽しみます。

アレンジ 慣れてきたら役割を交代してもいいでしょう。

おにぎりさん

作詞：中谷真弓　作曲：キンダーサークル　編曲：平沼みゅう　振付：阿部直美

●保育者と子どもが向かい合う。

1 おにぎりさん

保育者が子どもの片手のひらを軽くたたく。

2 ごはんのうえに

人さし指で、手のひらに丸を描く。

3 しおじゃけ　のせて

手のひらをつまむ。

4 ぎゅっとにぎれ（4回繰り返す）

親指、人さし指、中指、薬指と順に、中に折る。

5 ぎゅうっとにぎれ

小指を折りながら、子どものこぶしを包み込むように握る。

6「いただきまーす」パクパクパク

子どもの手を食べるしぐさをする。

この手あそび、ここが楽しい！

手がおにぎりに！

子どもの手のひらをおにぎりに見立てた、ふれあいあそびです。指を1本ずつゆっくりと握っていきます。

ポイント　4「ぎゅっとにぎれ」は、4回繰り返します。1回目は親指、2回目は人さし指……と、握っていきます。5回目の5「ぎゅうっと」は、小指を折ると同時に5本の指を全部グーになるように握りましょう。

アレンジ　動きに強弱を付け、大きなおにぎりや小さなおにぎりの設定で遊んでも楽しいでしょう。

3 あやし歌

あんよ　動物

年齢の目安　0 1 2 3 4 5

あそんでピョン

作詞：浅野ななみ　作曲：佐倉智子　編曲：平沼みゅう　振付：阿部直美

●子どもと保育者で向き合う。

1 かわいいうさぎが やってきて

両手をつなぎ、ひと回りする。

2 あそびましょうよ

足踏みを４回する。

3 ピョンピョンピョン

自由にはねる。

2番は**1番**に同じ。ただし「ピヨピヨピヨ」は羽ばたきながら自由にはねる。

この手あそび、ここが楽しい！

まねっこじょうず！

保育者の動作の真似ができるようになってきた頃に、遊んでみましょう。

ポイント　保育者は「手を振る」「拍手」「跳ねる」の基本の動きを、大きく行うことが大切です。

アレンジ　**2** の足踏み拍手は、体幹が整ってこないとできません。始めは拍手だけでもよいでしょう。

手あそびを楽しもう！2

楽しく正しく覚えよう

あそび歌は耳から覚えてしまうので、ともするとメロディーが違っていたり、歌詞が間違っていることがあります。

譜面を見て、ピアノで音を正しく取ってから、子どもたちの前で遊ぶようにしたいものです。

手あそびや歌あそびは、しぐさの方に注目が集まりますが、乳幼児期の音楽教育の第一歩です。保育者の歌声やリズム感がそのまま子ども達に伝わるので、うろ覚えのままあそびを始めることがないように、「正しく覚えて、楽しく伝える」を目標にしてください。

集中させる道具にしないで

手あそびが始まると、騒がしかった子どもたちが一斉に集中して嬉々として遊び始める姿をよく見かけます。手あそびの歌としぐさには、魔法のように子どもたちをひとつにまとめる力があるかもしれません。

けれど、これをいつでも静かにさせたり集中させる「道具」として使っていると、子どもたちは手あそびへの興味を示さなくなります。

楽しく歌った曲の終わりで、必要のない曲まで「手はおひざ」などと無理矢理ポーズを取らせることのないように、手あそびそのものを心から楽しめる指導を考えてみましょう。

阿部直美（あべなおみ）

東京都公立幼稚園教諭、はちまん幼稚園（愛知県瀬戸市）園長、聖心女子大学講師を経て、現在「乳幼児教育研究所」所長。
長年、"子どもの歌""手あそび歌あそび"を研究するとともに、その創作活動にも力を注ぐ。また、あそび歌研究会「キンダーサークル」を主宰。絵本と音楽劇（オペレッタ）のコラボレーションなどを研究している。
『おかあさんといっしょ』『いないいないばあっ！』『えいごであそぼ』などNHK幼児番組の指導、作詞・作曲などの作品提供も行なう。ロングセラー『グリーンマントのピーマンマン』（岩崎書店）シリーズなどの絵本作家（筆名　さくらともこ）としても知られる。

代 表 曲：『いっちょうめのドラねこ』
『くいしんぼゴリラのうた』
『パンやさんにおかいもの』
『どうぶつたいそう１・２・３』
『オペレッタ　ともだちほしいなおおかみくん』

主な著書：『製作よくばりアイディア150』（ひかりのくに）
『０～５歳児おたより文例&イラスト集』（ひかりのくに）
『CD付き保育選書②あつまれ！　あそびうたCD』（ひかりのくに）
『０・１・２歳児の手あそび＆歌あそび』（成美堂出版）
『阿部直美のふれあい手あそび歌あそび101』（世界文化社）

主なCD：『阿部直美のベストヒット　手あそび歌あそび』全５巻（日本コロムビア）
『阿部直美のハンカチあそび』（キングレコード）

ほか多数

STAFF
●表紙デザイン／大薮胤美（フレーズ）
●表紙イラスト／後藤みき
●編曲・校正／平沼みゅう
●音楽協力／中谷真弓
●楽譜浄書／長尾楽譜
●楽譜校正／前田明子・高崎繭子
●本文デザイン・DTP／株式会社明昌堂
●本文イラスト／赤川ちかこ・加藤直美・坂本直子・たかぎ＊のぶこ・とみたみはる・なかのまいこ・ひのあけみ・みやれいこ・ヤマハチ
●校正／株式会社文字工房燦光
●企画・編集／長田亜里沙・北山文雄・宮田真早美

0～5歳児 保育の手あそび

2021年2月発行

編著者　阿部直美
発行人　岡本 功
発行所　ひかりのくに株式会社
〒543-0001　大阪市天王寺区上本町3-2-14
TEL06-6768-1155　郵便振替00920-2-118855
〒175-0082　東京都板橋区高島平6-1-1
TEL03-3979-3112　郵便振替00150-0-30666
ホームページアドレス　https://www.hikarinokuni.co.jp
印刷所　大日本印刷株式会社

JASRAC 出2010400-001
Printed in Japan
ISBN978-4-564-60948-0
NDC376　264P　26×21cm